AF272660

Dieter Pflanz

# VON DROSSELDROSSELN, ANDEREM

- Essay -

Alle Rechte beim Autor
www.dieterpflanz.de

Dieter Pflanz, VON DROSSELDROSSELN, ANDEREM
ISBN 3-8334-4688-9

Herstellung und Verlag: Books on Demand GmbH, Norderstedt

>>Jede Erfahrung, die als Wissen gespeichert ist, wird geschützt von potentiellen Gefühlen. Solche Gefühle treten in Aktion, wenn das gespeicherte Wissen bedroht scheint.<<

*Prinzip* aus: VERSUCH EINER THEORIE DER
RATIONALITÄT, von Dieter Pflanz

Drosseln in den Schonungen der Kindheit -.

Die harten Rufe der Dämmerung des Winters, die von Wildheit reden, Unzähmbarkeit, Freiheit. Vorsichtiger Aufmerksamkeit. Ihr Flug über dem Wiesental, mit den verfallenen Drahtzäunen: vom Hang der Fichtenschonung hinüber zum anderen mit den Stockausschlägen der Buchen, Eichen, die bis in den Frost braunes Laub behielten. Der kurze Flug überm Grasstreifen, hin, zurück, ihr Zetern, Kreischen. In der Dunkelheit des Feuers zwischen den Bürstengestrüppen der Fichten, unten am Schonungsrand die letzten Laute der Schwarzdrosseln vorm Schlafengehen, wie ermattet. „Und was willst du später machen?"

„Forscher. Etwas mit Tieren, Pflanzen." Die grünen Zweige drunten halten den Frost des Bodens ab, nur der eisige Wind im Rücken hebt die Glut fast wieder auf. „Und du?"

„Weiß nich ... irgendwas -."

Rufe von Drosseln durch gekippte Hörsaalfenster, Rufe von Freiheit, Wildnis. Dunstige Schwüle Hunderter von Körpern, fahles elektrisches Licht, vorn oben der Baumann in seinem Karlsruher Dialekt: Een uneendliches Iinziitameent -. Er soll die Sprache den abgehandelten Dichtern stets angleichen, erzählt man, draußen die Rufe von Freiheit. Drosseln in den Dämmerungen der Ehe - später. Die wilde Härte ihres knarrenden Tacktock, die sofort ruhig atmen lässt.

Vorweg der Sohn mit dem riesigen Rucksack, nur Rucksack mit Beinen, blauschwarz. Er verschwindet in Birken-, Erlengestrüpp, müssen die Hütte noch erreichen. Stora Gla: Wildnisgeschenk zum Sechzigsten. Eine hohe Birke am Moorsee, alle andren gefällt. Wird Winter ... frische Kegel der Stümpfe, die Spuren breiter Biberzähne, grobe Raspel. Ganz still, nur ringsum die Drosseln. „Kerl, verdammt - wo bist du? Hier sind keine Zeichen mehr an den Bäumen."

„Oben sind wieder welche ... komm den Hang hoch!"

Interessante Vögel - Drosseln. Vögel der Dämmerungen: innen, außen. Lebensvögel, Todesvögel, schwarzschwarz, Kolkraben des Kleinen Mannes. Aasgeier der Erinnerung.

*Amsel oder Schwarzdrossel*, Turdus merula. Die Amsel ist durch ganz Europa an allen geeigneten Orten heimisch. In Nordnorwegen fehlt sie. Die Amsel bevorzugt oder bevorzugte feuchte Waldungen, die viel Unterholz haben. Aber gerade in ihrer Lebensweise vollzieht sich seit Jahren, also gewissermaßen vor unseren Augen, eine sehr bemerkenswerte Veränderung. Noch am Anfang des 18. Jahrhunderts konnte man sagen, sie sei ein sehr schüchterner, versteckt und einsam lebender Waldvogel, der sich niemals frei oder auch nur auf einen höheren Baum setzte. Diejenigen Amseln, die Waldvögel geblieben sind, werden auch heute noch durch diese Schilderung gekennzeichnet, aber nicht mehr jene immer wachsende Scharen von Amseln, die allmählich in die Parks, Gärten und Anlagen bis mitten in die Ortschaften eingedrungen und hier vollständig heimisch geworden sind.

Tacktocktock-.

Drosseln gehören zu den besten aller Singvögel überhaupt. Unserer Singdrossel gebührt die Krone. Ihr fast ebenbürtig ist die Amsel. Auf sie folgt die Wacholderdrossel. Mit Stolz nennt der Norweger die Singdrossel >Nachtigall des Nordens< oder >Waldnachtigall<.

Tocktocktock-. Die Ringdrossel baut dort, wo sie während des Sommers lebt, in Mitteleuropa im Hochgebirge, in Skandinavien hingegen an allen geeigneten Plätzen, von der Meeresküste bis zu einer Höhe von etwa 1500 m aufwärts.

Nä, abwärts ... oder doch aufwärts?

Der alte Brehm - neu bearbeitet und herausgegeben: Frankfurt, Wien, Zürich. 20.4.70, vorn handschriftlich mit Namen. Fürn Sohn angeschafft, als Pädagogik: damit auch er früh lernte, über Drosseln! Damals sieben, noch keine sieben. Hatte aber nichts gebracht, als Kind kein Interesse an Zoologie. Erst später, zwischen zwanzig, dreißig, als anderes studiert, als als Zivi auf der Biologischen Station, plötzlich wild nach Vögeln. Doch davor schon immer wild nach Wildnis, Wald, abgelegenen Gegenden, Skandinavienfreak: Lappland, Schottland - . Hatte vielleicht doch was gebracht.

20.4.: Adolfs Geburtstag ... oder Opas?

Einer von beiden hatte am Zwanzigsten. Zufall, doch damals so gelernt, in Kindheit, als Eselsbrücke. Hitlers Geburtstag erinnerte daran, dass Opa hatte. Hitler vorweg, obwohl wohl hinterher - vom Gewicht, Signal jedoch vorweg. Wurde man lange vorher schon draufgestoßen, immer wieder, in der Schule, Zeitung: deshalb Opas Geburtstag nie zu vergessen. Die gesellschaftlichen Signale drumrum ließen Geburtstagsbriefe pünktlich abschicken. Opa älter als Hitler, aber nicht viel, ein paar Jahre, vielleicht fünf.

Drosseln -. Das Charakteristischste die Herbst-, Winterrufe, nicht ihr Gesang. Die knarrenden Kehllaute, mit Buchstaben kaum wiederzugeben. Tacktock - : voller Aufmerksamkeit, unterdrückter Erregung. Unbezähmbarkeit. In ihren Rufen noch scheues Waldtier, und im Geschrei! Wenn mit anderen zusammen oder Gefahr drohte: Sperber, Katzen. Irgendwie zänkischer Vogel, von großen Emotionen, maßlos - und doch mit funktionierendem Gehirn. Wenn's drauf ankam, funktionierte ihr Gehirn, lernten aus Erfahrung, cool abwägend, Nischennutzer. Tacktock: Rufe der Wildnis, Freiheit.

Tack-tock ... los, komm mit! Jugendvogel, Freiheitsvogel. Altersvogel -. Altersvogel vielleicht.

Freiheit allein in den Nischen. Auch vielleicht.

Die Drosselschonung damals, jahrelang drin gehaust, mit vierzehn, fünfzehn, sechzehn. Gehaust richtig: etwas von Zuhause, Heimkommen ... nachmittags nach der Schule, den Schularbeiten. Am Fluss hoch oder oben über die Felder, den stillgelegten Steinbruch durch den Wald: einer kam beim anderen vorbei, kurz bevor es dämmrig wurde. In der dunklen Jahreszeit, wenn Feuer etwas brachten: die Schwärze der Nacht, der Kreis der Flammen eng genug waren ... zum Reden, Rauchen. Zu viert und mit vier Hunden. Die eine Zeit mit vier Hunden, bis Helmuts überfahren wurde, unten am Kirchplatz vor der Volksbank, doch fast immer mit drei Hunden oder zwei. Die Hunde jagten den Fichtenhang hinauf Kaninchen, sie saßen am Feuer, rauchten Kippen, redeten. Später auch die Hunde vorm Feuer.

Lange Nächte - bis sie zum Abendbrot zurück mussten, acht, halb neun. Die dichte Fichtenschonung gab Schutz gegen Erwachsene, sie hörten sie schon von weitem. Das Brechen der Zweige war nicht zu überhören, und wenn sich einer anschlich oder sie versteckt zwischen den Randbäumen unten erwartete, merkten es die Hunde. Der Steinbruchfritze, dem die Schonung gehörte, schickte manchmal Arbeiter, junge starke Kerle, achtzehn, zwanzig, die noch gut laufen konnten. Er hatte Angst um sein investiertes Kapital: die Anwohner an der Strasse unterhalb meldeten ihm laufend, dass in der Fichtenschonung wieder Feuer brannten. Da es kaum Telefone gab, gingen sie persönlich im Büro vorbei, schmeichelten sich ein und bekamen dafür Zigarren. Den steilen Hang hinauf nur Wald ... wenn der Feuer fängt, dann können bei richtigem Wind Quadratkilometer brennen!

Alte Unterschichtenschleimer -. „Dieser verdammte Arsch! Bestimmt wieder der Pleckrige", sagte Hemmut, „hat sich auf unsere Kosten 'ne dicke Zigarre geholt." Den pleckrigen Sunnach sahen sie manchmal unten am Haus, war schon über Siebzig. Einmal hatte der Pleckrige Holz gemacht, in seinem großen Garten oder im Wald nebenan am Weg. Mit Justav zusammen. Beide in tiefem Gespräch: dass und ob sie noch könnten - so richtig, mit Kindermachen. Schließlich die Wette, vom Pleckrigen, Gustav oder von beiden. Auf dem Weg kam Frieda vorbei, blieb stehn, sie erzählten von der Wette und Frieda sofort hilfreich im Gras. Jau ... tatsächlich!, Justav später in der Kneipe: die zwei am Gange und nach kurzer Zeit kommt beim Pleckrigen wirklich der kalte Bauer! - Auch Hemmut.

Wenn es dämmrig wurde, die Schwarzdrosseln sich aus den Zerstreuungen des Tages unten im schmalen Wiesental einfanden, kamen auch sie an. Vorsichtig, von oben über den kleinen Bergrücken. In Deckung zwischen den Eichenbüschen des Wiesenrands blieben sie stehen, beobachteten den Flug der Schwarzdrosseln: wenn die ständig zwischen den Eichen, Fichten hin und her flogen, ihr Gezeter normal klang, war die Luft rein. „Alles in Ordnung", sagte nach einiger Zeit dann langsam Achim.

„Jau ... lasst uns aber trotzdem vorsichtig sein."

„Vielleicht erst noch Drosseln schießen -", meinte Rudolf. Sie schlichen von oben herum durchs Gebüsch in die Schonung, schauten dicht über den Boden, ob zwischen den vielen Stämmen Beine von Männern zu sehen waren. Die Drosseln beruhigten sich nach kurzer Zeit, wenn sie ruhig auf der Erde hockten, flogen wieder hin und zurück, und sie schossen auf sie gegen den helleren Himmel. Die Vögel landeten in den kahlen Ästen der Lärchen, bemerkten die Gefahr im Dunkeln unter sich nicht mehr. Das Klatschen der Gummischleudern, wenn gut getroffen, fielen die Drosseln manchmal wie Steine. Einer brach trockene Fichtenzweige, zündete sie zusammengepresst an, die andren gingen, dickeres Holz suchen. Mit dem Feuer wurde sofort auch Tabak gemacht: Kippen in der hohlen Hand mit Fingernägeln aufgeschlitzt, die feuchtfeste Masse aufgelockert. Nach dem Krieg hatte Vater seine Zigaretten-, Zigarrenkippen in einen Karton gesammelt, der nach der Währungsreform jetzt vergessen auf dem Dachboden stand. Unerschöpfliches Nachschubmaterial: Kippen von Zigaretten aus im Garten selbst angebautem Tabak und manchmal Kippen von aus Kippen gedrehten Zigaretten. „Wenn dein Alter Tb hat, kriegen wir bald auch alle welche", sagte oft Helmut.

„Is doch egal ... von irgendwas musste sowieso sterben -", sagte ein anderer. Sie saßen, rauchten ihre Pfeifen, einer drehte den grünen Stock mit den aufgespießten Vögeln, die Hunde am Feuer rochen nach dem Fleisch. In den Bäumen unten vereinzelt noch Schrecklaute von Drosseln: abgebrochen, wie im Schlaf. Tiefe Winternacht - obwohl erst sechs, sieben Uhr.

Von den geschossenen Drosseln nie probiert, seinen Anteil immer dem Dackel gegeben. Die anderen sagten, dass sie gut schmeckten, nur etwas klein, knochig. Er aß keine Tiere, deren Form er noch erkennen konnte, auch keine Hühner, Hasen. Koteletts, anonyme Stücke Fleisch gern, aber keine die das Tier als lebendes zeigten. Doch die *Idee* Jagd gut -: ließ einen in sich gehen, brachte das Hirn zum Schweifen. Ließ unten den zähen Lehm der Erde zurück. Wie auch Wald gut waren ... und Nacht und Feuer ... und Bäume, Steine, der Wind ... die Drosseln an sich. Ihre Rufe im Herbst, Winter, tack-tock, ohne Grenzen - offen. Wie auch die des Bussards, der Kraniche. Vögel irgendwie alle gut, aber am besten Raubvögel und Drosseln. Auch der schnelle Flügelschlag von Enten knapp überm Wasser!: bei Mondschein, in der Flussbiegung unter dem Wald. Auf dem alten Treidelpfad, der so holprig war, dass man ständig stolperte. Enten gegens Licht des fetten Mondes - nicht schlecht! ... doch am besten wohl Schwarzdrosseln in dunklem Herbst. Deckten alles zu, Wildnis in den Städten: tack-tock und alles fort - Zäune, Häuser, Gärten, Menschen. Alle verschwunden, augenblicklich in dir selbst.

Vielleicht Meditationseffekte -. Könnte sein.

Nicht Menschen törnten an, nur Dinge. Unter Menschen wie im Zoo, weitweg hinter Gittern: der Aquariumsblick, gedämpft durch Einfärbungen, Gläser. Durch Drosseln, Steine, Wald sofort klar, dicht dran. Dinge ließen klar sehen, schoben Gefühle beiseite, schufen Gefühle: die die anderen, versperrenden Gefühle beiseiteschoben. Ließen klares Denken zu, ruhiges Bedenken, ließen dicht herankommen, an Menschen, anderes. Menschen trennten von Menschen - irgendwie grauenhafte Brut -, doch die Dinge ließen einen dicht sich wieder nähern.

Konnte sein ... notieren, aufschreiben!

Notizen - dann nach Aufschnitt laufen: - / das sind die Tage von Turin. // Indes Europas Edelfäule/ an Pau, Bayreuth und Epsom sog,/ umarmte er zwei Droschkengäule,/ bis ihn sein Wirt nach Hause zog. Oldpapa Benn -. In Göttingen zum ersten Mal Drosseln in die Stadt gekommen und dort zum ersten Mal auf Benn gestoßen. In Zoologie gehört, dies die erste Stadt, wo beobachtet wurde, wie Schwarzdrosseln eindrangen, siedelten - in die Göttinger Gartensiedlung, Ende der zwanziger Jahre -, und hier zum ersten Mal den Namen Benn gelesen. Nachts in einem Glaskäfig vorm Kino. Kunstkino am Rande der Stadt, Ausstellung einer Buchhandlung zu seinem Geburtstag, wohl Docs Siebzigsten ... nie von gehört: Benn, Gottfried - soll moderner Dichter sein.

Kann einer überhaupt Dichter sein ... wenn nie von ihm gehört?

Angefangen zu lesen, Universitätsbibliothek, die Reihe nach frische gesammelte Werke. Schweres Leinen, dazu schwer Kunststoff kaschiert gegens Studentenvolk, doch auffallend dünne Bände: die frühen Rönne-Geschichten, Gedichte. Wochenlang auf dem muffigen Sofa gelegen, gelesen, nachgedacht, und Ende des Sommers dann Schluss gemacht, mit Ornithologie. Wohl aufgegangen dass Vögel nicht Vögel, sondern mehr: Medien -. Für ganz dicht dran.

Die Drosseln der Schonung damalsdamals aber echt!: richtiges Geschrei, richtige Vögel, Jagdwild. Und doch Bilder ... Medien für Kindheit, Gruppe, für Dazugehören. Für das was sein konnte: die Menschen beweglich, neugierig, hellwach, nicht allein starre Wissen. Skeptisch aus Prinzip. Wenn einer anfing mit den vielen Sternen, Milchstraßen, Galaxien: dass da doch bestimmt ein Gott sein müsse -.

„Warum denn Fragezeichen Gott nennen? Reicht völlig zu sagen: ich weiß es nicht. Warum Fragezeichen nicht als Fragezeichen stehen lassen? - Immer dieses ganze Brimborium ... nur um es umzubenennen." Peng! Schon damals die Fehler klar: die Verschiebungen übers Gefühl. Nein: fürs.

Oder dass Menschen beim Sterben leichter werden. „Kürzlich festgestellt ... ganz neu."

„Aus'em Wochenblatt -? Um wieviel Pfund denn? Kilo?"

„Nein ... Gramm. Oder sogar Milligramm. Die werden ein ganz klein Bisschen leichter."

„Milligramm ... dann kann ja an Seelen nich viel dran sein. Ich dachte Zentner! - Verdammt, jetz beweisen se die Seele schon mit'er Briefwaage."

Im Kreis des Feuers Lachen, Schmunzeln. Nicht bösartig bestimmt festgelegt: nichts war klar, alles musste zuerst noch klar gemacht werden.

„Vielleicht geht 'n Furz raus ... aus dem der stirbt. Oder Kacke, Pisse. Aber keine Seele! Gibt's nicht ... peng, aus -. Is'so, nich mal als Fragezeichen." Der Mensch auf sich gestellt, Insel im Strom. Doch nur gedachte Insel - als Idee. Aber eigene, keine fremde, nicht mit Gott, anderen: als eigene Idee. „Gibt keine Seelen."

„Gibt doch welche!"

Nie wieder so in Gedanken anderer drin, ganz tief, doch auf der Hut. Immer mit glucksendem Lachen: im Hirn, in der Kehle, anderswo. Glucksendes Lachen auch sich selbst gegenüber. Und unten durch die Winternacht abgebrochene Schrecklaute der Schwarzdrosseln, erschreckte Traumlaute.

Vorbei ... Medien: ganz tief drin. Doch nicht in anderen. Vehikel um ruhig zu stellen: sich selbst. Der gefühllose Zustand des Denkens, wenn Welt ein-, ausschwappt, ohne Widerstand. Wenn Grenzen aufgelöst: in Welt, dir. Wenn plötzlich selbst Welt.

Gutes Verhältnis zu Welt gehabt, zu Bäumen, Steinen, Gras, Wasser. Zu Drosseln. Von Gleich zu Gleich, nie überlegen gefühlt oder unterlegen, gutes Gefühl: mit ihnen umzugehen. Brachte Entspannung, Balance. Nicht gutes Verhältnis zur Welt von Menschen geschaffen, ihren Dingen: Wohnungen, Kleidern, Brücken, Autos, Kirchen, Ehen, Fabriken, Vorgesetzten. Dabei nicht außer Balance, doch auf der Hut, mit glucksendem Lachen: in Kehle, Hirn. Bei *Weltwelt* nicht auf der Hut - bei Steinen nicht, Wasser nicht, nicht Drosseln.

Doch ... bei Wasser schon! Hohem Wasser, schnellem Wasser, Wildwasser: Begegnung mit Naserümpfen, Argwohn - aber nicht verspannt, im Gleichgewicht. Sorgfältiges Beobachten, Abtasten von Gleich zu Gleich, ohne Glucksen in Kehle, Hirn. Sie wirkliche Welt! Die anderen künstlich strukturiert, weshalb auch Komödie oder nur: kamen zustande durch Wissen von Welt. Durch verwaltete Wissen von Welt und Wissen schnell verfälscht durch Gefühle. Das der Kreis: Wissen machte Gefühle - und Gefühle Wissen. Sie verfälschten, schufen auch! Die Katze mit dem Schwanz -. Wissen, Gefühle schaukelten sich hoch, konnten mit atemberaubender Geschwindigkeit abdrehn. Wissen als Fluchtvehikel: weg in ewige Fluchten. Stoppen der Fluchten, des Katzenschwanzbeißens, danach erst Neues! Zuerst Gefühle herausnehmen, dann konnte Neues entstehen: konstruktiv zu Wissendes.

Den Körper ruhigstellen ... erst dann war Wissen aufzubrechen. Und hier die Drosseln! Komisch -.

Drosseln ließen gefühllos werden - und Steine, Wasser, Wind. Sie öffneten den Körper für wirkliches Denken, nicht nur für Verwaltung von Wissen, und konnten so erst Wissen verändern. Meditationseffekte: um vielleicht doch noch aus den Katzenschwanzbeißereien herauszukommen. Schwester Drossel, Bruder Stein! Plötzlich offen, Welt schwappt ein, und Denken kann sich richten, beginnt zu zielen. Glücklicher Zustand! Körper offen, das Hirn, Ich: Durchschwappen von Welt, Einschwappen in Welt - ohne Grenzen, Hüllen. Leer ohne Gefühle: das das Glück. Leere das Glück!

Ohne Gefühle Glück ... und Glück höchstes Gefühl, angeblich -. Seltsam, komisch.

Notizen - dann nach Aufschnitt laufen ... Benn. Eure Etüden, Arpeggios, Dankchoral sind zum Ermüden und bleiben rein lokal.// Das Krächzen der Raben ist auch ein Stück - dumm sein und Arbeit haben: das ist das Glück.

Arpeggios, Dankchoral - : das ritualisierte Wissen, das Denken verhindert. Verhindern kann oder soll. Wissen welches Denken kanalisiert: und so verhindern kann! Dankchoral: der verhindern soll.

Doch auch Benn Wissen - der verhindern kann. Oder soll? Auf jeden Fall tief im Gefühl.

Und dennoch außerhalb ... zwischen den Gefühlen! In einigen Zeilen von ihm drin: und sofort ganz ruhig, klar, ohne Gefühl. Wenn jedoch Näherung von außen - über Erinnerung an Benn - augenblicklich warme starke Gefühle.

Und Benn keine Drossel -. Seltsam.

Die Drosseldrosseln damals handfest real, Teile des täglichen Lebens: Sänger, Warnrufer, Bratenjagdbeute, sinnliche Erfahrung der Welt - wie Bäume, Steine, Wasser, Wind. Oder wie Spiel, soziale Kontakte: das Zusammensein mit Freunden, Gefahren bestehn, gute Gespräche an Feuern. Doch Drosseln heute: medial, Vehikel für anderes, Mauerbrecher! Mauerbrechsturmgeschütze: zentrieren Kraft, richten aus, lassen ruhig werden, sammeln, machen Hirn von Müll frei.

Nur nicht immer -. Drosseln auch heut noch Drosseln, biologische, ornithologische. Interessantes Tier, scheuer Waldvogel, der seine Scheu abgelegt hat. Schönster Gesang von allen: nachdem Nachtigall verschwunden, Frühlingssänger mit vielen Strophen - besonders aber wenn Gesang zu Ende, Mitte des Jahres und es wieder abwärtsging. Dann, mit dem Schwinden des Lichts, die wilden Rufe von Freiheit, Aufbegehren - die auf einmal Sehnsucht, Freiheit denken ließen! Erst die Dämmerdrossel der *eigentliche* Vogel, Frühlingsdrosseln Konsumentenvögel: gehen runter wie nichts.

Bei Drosseln, keinen anderen. Nicht bei Meisen, Gartenrotschwanz, Dompfaff. Vielleicht noch bei Greifen: Falken, Bussarden, Eulen. Nachtgreifvögel ebenfalls gut, Eulen, Käuze! Wie überhaupt alle Nacht.

Benn Drosseldrossel, sinnliche Erfahrung der Welt - Thomas Mann, Brecht, Böll nicht.

Wenn in einigen Zeilen von Benn, sofort Drosseldrossel ... wenn in Sätzen von Mann, Böll, Brecht: nichts. Absolut nichts. Benn Bruder Drossel, die andren Sozialisationsagenten: süffig, amüsant, runter wie nichts - doch nur Handlanger, für andres. Oder andere.

Die Drosseldrosseln: damals - als angetreten für Welt, suchend, tastend.

Holz sammeln, Feuer machen, Drosseln schießen spannend. Auch Schule, wenigstens manchmal: Physik, Analysis, Erdvermessung. Aus Winkeln, Dreiecken Orte und Entfernungen bestimmen, sehr spannend! Gespräche im Unterricht, Informationen außerhalb des Lehrstoffs aufmerksam verfolgt ... noch besser aber das Sitzen nachts mit den Freunden, das Rauchen, Reden, und das Lesen. Viel gelesen damals, Bücher Mangelware. Keine Erinnerung an Essen und Kleidung als Mangelware - obwohl eindeutig -, doch Bücher Mangelware. Viel gelesen, über Amerika, andere Länder, auch Tibet, Russland, Mongolei, und anschließend drüber geredet: wohin man wollte, später wenn's losging. Spannende Reisen, im Gehirn. Die ganze Welt zog durch - auch die Pampas, Südseeinseln, Arktis - und dazu das Drumrum: die Feuer, die Nacht, unten die Drosseln in ihren Traumlauten. Alles sehr spannend ... nur hinterher nicht mehr -. Was danach kam, nicht mehr spannend: Wohnungen, Ehen, Fernsehn, Geld, Autos, Vermögen. Zähzäh - nichts was vom Hocker riss. Nur das Schreiben spannend, immer wieder neu: das Nachdenken über Feuer, Drosseln, Freunde, Steine, Bäume, Schreiber, auch über Ehen, Fernsehn, Autos, Geld. Die Idee der Liebe, des Geldes, Sex' sehr spannend! Wenn beweglich in Hirn gehalten; zäh, wenn Ding an sich oder nicht an sich, tatsächlichtatsächlich. Wenn Leichtigkeit des Seins verloren: wenn Vermögen, Liebe, Sex schwer auf Erden drücken. Doch als Ideen immer spannend.

Und für die andren ... die mit an den Feuern saßen, mit nach America wollten, Tibet, in die Mongolei -? Für sie könnten auch das Tatsächliche spannend gewesen sein: die Berufe, Ehen, das Geldermachen, Kindermachen. Die zähen Dinge an sich. Die Berufe gaben ihnen was: mit den gelernten Wissen zu schaffen, zu verändern, zu heilen. Und die Ehefrauen gaben ihnen etwas ... die Autos, Familien, das Geld: gute Gefühle, zu wissen, sie alle gehören mir! Ich bin was, gehöre dazu, bin eingewoben ins Dress der Gesellschaft. Auch wenn ich Unfug baue -. Das meiste von Gesellschaften Unfug: Lug und Trug, Ausbeutung, Stalingrade, Auschwitz, Hungersnöte, Umweltkatastrophen, Gewinnmaximierung. Fast alles sehrsehr fragwürdig, auch in den privaten Leben, und trotzdem bei den meisten das gute Gefühl dazuzugehören. Die riesigen Brücken, Wolkenkratzer, Straßenfluchten ... die Museen, Theater ... die schnellen Autos, Jets, Raketengeschosse!: und das gute Gefühl dazuzugehören. Der Mensch als Leistung. Was der alles kann ... und ich gehör dazu. Der Mensch als Krone: Gott gleich - dem mit dem Bart -, Menschen gleich. Sich selbst bestätigendes Regelungssystem. Wenn die Software hakt, einfach neuer Warmstart, mit bunten Bildern, Männekens. Was auch immer kam - die mochten sich!

Konnte sein ... vielleicht. Mal die andren fragen: ob für sie noch spannend - nach den Feuern, Drosseln.

Selbst kein Gefühl der Spannung, später. Im Kleinen schon, ab und zu: wenn Briefträger lang erwartete Post bringt/ plötzlich Aktien steigen/ wenn Essen fürs Auge gut gelingt/ wenn der Hund dem Busch vorsteht, dann der Hase herausspringt -. Doch in den großen Bewegungen keine Spannung: in den Jobs nicht, politischen Entwicklungen, materiellen Anschaffungen, Ehen, Vermögen nicht. Keine positive Spannung, höchstens Weggehn von Spannung, Nachlassen der Spannung: Enttäuschung. Aber nicht unerträglich - wie schon immer gewusst: dass nichts, ohne Bedeutung. Was sind Jobs, Anschaffungen, Geld, was Ehen, Politik -?: nichts. Nicht der Erwartung wert, einfältiges Zeugs. Doch Hunde immer spannend: zu sehen, was passiert! Und Wind und Wolken spannend, Bäume, Steine, auch wenn nichts passiert. Sie offen, blockieren nicht das Hirn, sind ohne Wissen: vielleicht so ... oder so. In den Momenten des *Jetzt* ganz offen im Gehirn! Und Schreiben spannend: ebenfalls offen ohne Wissen. Wo's langgeht, noch nicht klar: Prozesse der Bewegung, des Denkens, erst zum abschlaffenden Ende hin geronnene Wissen.

Vielleicht -. Oder auch nicht.

Nein: Schreiben nicht spannend! Ein Zustand zwischen Spannungen zur negativen, positiven Seite hin, zur aversiven, adversiven. Neutraler Zwischenzustand ... weder Spannung noch Entspannung, weder hin noch her.

Und dennoch spannend, das das Seltsame. Der völlig entspannte Zustand, wenn Körper offen für Welt: vielleicht der allerspannendste! Wenn Welt ein-, ausschwappt, ohne Begrenzung, ohne Abwehr, wenn Denken plötzlich fähig wird, Welt zu erkennen. Und man selbst unverwundbar. Schwappt hinein, heraus, ohne Spuren zu hinterlassen: geht durch wie Lanzen - doch ohne Verwundungen. Welt gefährlich: das die Erfahrung, kann sehr gefährlich werden, lebensgefährlich, hinterlässt ständig Spuren, Wunden. Das die Erfahrung. Und plötzlich der Zustand, wo Welt hindurchschwappt ohne Spuren, Wunden, wo Ich unverwundbar. Wos Denken auf Welt zielen und erkennen kann: wo etwas gegen die Welt ausgerichtet werden kann!

Wissen kann nichts ausrichten ... Verwaltung von Welt, Steuerungen über festgefahrene Gleise - nur Denken kann Neues bringen, gegen Welt wirklich etwas erreichen. Der völlig entspannte Zustand, der erst die Macht bekommt! Der unverwundbare Zustand: wo Welt durch Körper geht, ohne Spuren zu hinterlassen, und wo Denken die Kraft bekommt, gegen Welt was auszurichten. Diese Welt wirklich zu steuern. Und das Spannende, das Erlebnis des Spannenden: wohl aus Entspannung des Körpers, Anspannung des Hirns. Durch gleichzeitige Entspannung des Körpers, Anspannung des Gehirns extreme Spannungsdifferenzen, die als spannend erlebt werden. Aber vorsichtig, behutsam, irgendwie glucksend mit weggedrücktem Lachen, Kichern, um das Ganze nicht zu stören -. Damit die Spannungsgegensätze zwischen Hirn, Körper nicht zusammenbrechen, nur vorsichtiges Beobachten von Metaebenen her, einer Art Überhirn, mit Glucksen im Bauch: um den Zustand nicht zu stören. Schleichendes Bewegen durch die Bewegungslosigkeit. Körper, Atmung entspannt ruhig - Hirn in höchster Anspannung. Und das das Glück!

Könnte sein - vielleicht. Glück aber vorerst noch weg.

Der Ruf von Drosseln ... Steine ... Bäume, Gras ... Zeilen von Benn: Vehikel um in Ruhezustände zu kommen. Funktionierte bei Dingen, nicht bei Menschen. Menschen brachten die Balancezustände durcheinander, bei mündlichen Gesprächen waren sie sofort aufgehoben, bei schriftlichen nicht unbedingt -. Bei unwichtigen Briefen, Stellungnahmen nicht da, bei ausführlicheren Briefen an Bekannte, die man mochte, auf die man sich einstellte, kamen sie sofort. Auch bei Schreiben die schwierige Sachverhalte klären mussten - an Behörden, Finanzämter -: Körper sofort entspannt. Immer auch bei Arbeiten an literarischen Texten, Büchern. Stets vorhanden wenn Konzentration des Denkens gefragt war und auch der Wissen: wenn Wissen auf Brauchbarkeit erinnert, sortiert werden musste. Sobald Konzentration oder gar Aggression gefragt waren, wurden der Körper, die Atmung in Ruhe versetzt, funktionierte mit Hilfe von Dingen, Bildern, Stimmen, Gerüchen, mit der Vorstellung von Dingen. Es funktionierte nicht bei Menschen - höchstens in der Vorstellung eines Menschen: bei der Vorstellung des Bildes dieses Menschen oder seiner Stimme, etwa beim Briefeschreiben. Wenn man in Gedanken in einen intensiven Dialog mit dem betreffenden eintrat, sofort dieser Balancezustand! In mündlichen Gesprächen selten bis nie, selbst bei den gleichen Menschen nicht mit denen es beim Briefeschreiben funktionierte. Manchmal jedoch wieder anschließend: in der Erinnerung an das gehabte mündliche Gespräch mit diesem Menschen -.

Irre. Drosseln Ersatz für Menschen?

Nein ... sie ließen sprechen mit ihnen, vor allem auch mit einen selbst. Ließen klar werden! Sprechen, hin und her, Rede, Gegenrede, Hineinversetzen in andre: sie brachten Beziehungsverhältnisse auf differenzierte Ebenen. Klarere, wertvollere Ebenen ... auch wenn dieses Beziehungsverhältnis dadurch zum Schluss vielleicht abgebrochen wurde. Wirkliche Kommunikation, nicht nur Gelaber in immer neue Fluchtbewegungen, vor sich, anderen, in Fluchten vor Denken, Handeln. Und das die Bedingung für Schreiben! Vervielfältigung von

Kommunikation erst durch solche Rückführung? Oder vervielfachte sie sich durch Minderung, Verarmung -?

Durch Rückführung!: willentlicher Prozess, der gewollt wird. Und sehr beliebt, bei allen.

Ruhezustand des Körpers, der Atmung ... sehr beliebt! Meditationen mit Göttern, Gott, Welt, Bildmeditation, Wortmeditation, Tonmeditation, Geruchtsmeditation, Weihrauch - von altersher. Nun modisch cool, mit Räucherstäbchen, allein vor sich hin, noch mit Joint, Schuss: Sehnsucht nach Ruhe, Balance, alle taten alles dahinzukommen. Saufen: Alkohol als Ruhesteller ... Entspannungstrinker, in ihren Anfangsphasen. Teetrinken, Kaffeetrinken, dazu die verschiedenen Rituale, privaten, gesellschaftlichen. Musikreinziehn: Beethoven, Bach, das Zeugs auf Kassetten, CDs, Walkmen ... *born to be wild*, ooh -. Konzentrieren auf Warenangebote, um ruhig zu werden: Bildmeditation über Verkaufskataloge, Sonderangebotslisten ... bis sie schließlich gekauft hatten, das Ganze wieder von vorn losging.

Dann lieber Drosseln.

Die wurden alle über den Balancezustand ihres Körpers vermarktet -. Das Gefühl der Ruhe, Weite, was Autofahren manchmal erzeugte. Die Vorstellungen von Reisen in fremde Länder: Himmel, Palmen, weißer Strand. Die Abbildungen der Waren in schmeichelndem Kunstdruck auf Hochglanz, die ganz ruhig machten. Nur musste dafür zuerst einmal Geld verdient werden -. Die ließen sich über ihre Sehnsucht nach Ruhe in Arbeitsstresse treiben, sahen nicht, dass es allein Meditationseffekte waren ... wenn das Zeugs schließlich gekauft, brach die Meditation zusammen und alles ging von vorn los. Perfektes Vermarktungssystem, Sklavenhandel, aus dem kaum zu entkommen war.

Dann lieber Drosseln -. Und Steine, Wolken, Wind, Zeilen von Benn, anderen. Viel ergiebiger und billiger, sie erst gaben wirkliche Balancen, Freiheit - das andere menschliche Komödie. Vielleicht zwangsläufig, aber nicht ganz, deshalb vor allem auch zum Lachen -. Der sich ständig verschärfende Drall des Tuns nicht zwangsläufig!: ihm mit Denken zu entkommen!

Drosseln -.

Doch zwangsläufig? Die meisten dachten nicht, deren Denkfähigkeiten überlagert von Wissen. Systematische Verblödung durch Lernen von Wissen. Kleine Kinder dachten ... Alte nicht mehr: wussten alles! Die wussten, dass Autos gut, wichtig waren: Wert hatten; wussten vom Wert der Wohnung, modischer Kleidung, teurer Speisen, von Orden und Ehrenzeichen, vom Wert von Ferienflugreisen, Lampen, Gardinen, Laufbahnen. Sie *wussten* es. Die Unmengen der gelernten Wissen hatten ihr Denken zerstört, alles zugemüllt, sie schafften es nicht mehr, zu den persönlichen Wurzeln zurückzukehren. Und trotzdem - immer wieder die Sehnsucht nach Ruhe, nach Wurzeln, Balance ... anders Drogen, Vollwertkost, Kirchenchor, CD-Musikgefühls, das viele Saufen, Segeln, Drachenfliegen, die Bio-feed-backs nicht zu erklären. Doch stets nur als Trip: alles bereits vorweg in Vermarktungskreisläufe eingefangen.

Drosseln -. Die Drosseldrosseln damals: das Jagdwild, die Warner, scheuen Waldvögel. Tiere des Zwielichts ... wenn die Konturen verschwimmen, alles weit wird, auch das eigene junge Leben. „Hier möcht ich wirklich nicht begraben sein -. Ihr?"

„Nä ... ums Verrecken nich." Obwohl es im Moment, mit den letzten Drosseln unten, dem Feuer, gar nicht so schlecht ist.

„Hört mal, wie die Hunde den Hang hoch jagen -."

„Jau-uu -": ganz bedächtig, die Pfeife wurde beim Sprechen nicht aus dem Mund genommen.

„Werden frische Hasenspur haben."

„Wenn der alte Schlutter merkt, dass die nachts seine Hasen jagen, haben wir noch einen, der uns vertreiben will -."

„Der hat Schiss vor uns."

„Mit seiner Knarre?"

„Jau ... auch mit der Knarre. Wir sind zu viert, mit vier Hunden, und er alleine. Der pisst sich voll."

„Außerdem hat er keine Munition, der muss jeden Schuss mit den Tommies abrechnen. Wehe er hat mal vorbeigeschossen: die denken dann, er hat auf sie geschossen!"

Unterdrücktes Kichern ... Wärme zwischen denen die Bescheid wussten. Kürzlich war im Ort ein englischer Oberst von Einbrechern erschossen worden: die ganze Stadt von englischem Militär abgeriegelt gewesen, weil Verdacht auf politisches Attentat.

Kichern, Gedankentiefe. „Bei den Tommies könnten wir eigentlich auch mal eine einschießen -", sagte dann Helmut langsam, kratzte mit dem Aststück die Pfeife sauber. „Was meint ihr, wie die sich freuen."

„Die kommen bestimmt mit Panzern!" Die englischen Offiziersfamilien, für die die besten Villen im Ort requiriert worden waren, hatten wegen des Mordes Angst, und wenn sie bei denen jetzt Fensterscheiben einschossen, konnte ein Schleuderschuss ungeahnte Wirkung haben -. Stundenlange Analysen da am Feuer der Nacht ... mit allen Reaktionen der Engländer, die in den Phantasien bereits vorweggenommen wurden. Kichern, Lachen: Scheibeneinschießen bei den Engländern jetzt nach dem Mord war die Idee -!

Und sie hatten es getan, einige Tage später, Hemmut und er ... am nächsten Mittag schon waren sie gefasst! Die Engländer hatten Militär, deutsche Kriminalpolizei eingeschaltet, und ein Kripomann hatte das Geschoss - eine Nietenstanzscheibe aus Schiffsplanken der Werft am Fluss - unter einem Schrank gefunden, sofort die richtigen Schlüsse gezogen. Er war sehr jung und lustig, erklärte ihnen psychologisch weitschweifig, dass die Engländer wegen des kürzlichen Mordes an ihrem Obersten wahnsinnige Angst hätten, jetzt aber heilfroh seien, dass es diesmal nur Kinder, Jugendliche waren. Sie hätten nichts zu befürchten, nur müssten sie jetzt zusammen noch kurz zu dieser englischen Familie gehen, sich entschuldigen! - Sie hatten dem Kripomann erzählt, dass sie auf eine Blechdose vorne am Zaun geschossen und ein Schuss leider vorbeigegangen sei. Er sprach auf englisch mit der Frau des Hauses, zeigte ihr die Schleudern, und auch sie richtig happy glücklich, sagte zum Abschied lächelnd: „But they can hit people -!" Ihre Gummischleudern hatten sie behalten dürfen, sogar die große Glasscheibe über zwei Stockwerke im Treppenhaus musste nicht bezahlt werden, wurde ganz selbstverständlich über die allgemeinen Reparationsleistungen des deutschen Volkes ersetzt. Doch den größten Eindruck hatte der Satz *But they can hit people* gemacht, für ihn ein Stück sinnlicher Erfahrung der Welt, die sich tief in die Gefühle eingrub. Der erste fremde Satz des Lebens, den eine leibhaftige Engländerin halb an ihn gewendet und den er auf Anhieb verstanden: but ... they can ... hit ... people! Eindrucksvoll, warmes Gefühl des Verstehens, Wissens.

*But they can hit people*: dieser Satz sich irgendwie in den Körper eingegraben ... to hit, hit, hit, unregelmäßiges Verb, gehörte danach zum Wissen des Ichs, warmes Gefühl des Erkennens, wenn man später in Texten drauf stieß. Seltsam -. Und danach nie wieder Scheiben eingeschossen.

Sie hatten damals häufig Fensterscheiben eingeschossen, es gehörte zum beliebtesten Tun, im Winter durch die dunkle Stadt zu streifen - Straßenbeleuchtungen gab es nicht - und Fenster einzuschießen. Es gehörte ganz selbstverständlich zum Leben, wie Äpfel klauen, in Gartenhäuschen einbrechen, Feuer machen, doch nach der Sache mit den Engländern nie wieder Scheiben eingeschossen -. Dieses Attentat, das ein psychologisches Kunstwerk gewesen war, hatten sie noch lange voll Begeisterung besprochen, mit immer neueren Verfeinerungen der Phantasie, wie sie bald wieder gegen die Besatzer vorgehen würden, war jedoch nie mehr etwas passiert. Sie waren inzwischen auch fünfzehn, sechzehn geworden, die Feuer mit den großen Gesprächen, ihr gemeinsames Laufen durchs Land hatten sie aber beibehalten, immer nachmittags nach der Schule wenn die Schularbeiten erledigt waren. Hunde und Drosseln und Gras, der Fluss, Wald hatten weiter zu ihrem Leben gehört, doch nicht mehr Scheibeneinschießen. Schießen auf die weißen Isolatoren der Telefon-, Stromleitungen, okay, als Herausforderung so winzige Ziele hoch über dem Bahndamm zu treffen, aber nicht mehr auf große Scheiben, und natürlich noch das Schießen auf Drosseln, Meisen.

But they can hit people -.

Wie sinnliche Erfahrung selbst Wörter mit Gefühlen besetzt ... *to hit, hit, hit*, andre Wörter ließen kalt, schon gar englische. Auch die meisten deutschen lagen auf belanglosen Ausdrucksebenen, doch Drossel, Feuer, Benn nicht, auch Wald nicht, Gras, Fluss, Hund nicht. Wohnungseinrichtung, Goldkette, Auto belanglos ... Zelt nicht, doch auch Wörter wie Freundschaft, Solidarität nicht. Laufbahn, Zeugnis, Gewinn, Mehrwert wieder völlig belanglos.

Wie sie damals gepredigt, wie die Wohnungen auszusehen hätten -. Hemmut und er ... später auf den Mooneshine-trips, mit den Flaschen Bier, oben auf dem fremden Familiengrab das diese bequeme Bank hatte. „Die Wohnung so einrichten, dass man sie innerhalb von fünf Minuten verlassen kann ... Benzin, Stikken dran, Handgranate rein - und dann weiter!" Hatten sie oft gesagt. Er war seinen Wohnungen gegenüber später bei dieser Haltung geblieben, obwohl schließlich sogar eigenes Haus. *Benzin dran, Handgranate rein: dann weiter.* Auch Handgranate mit warmen Gefühlen besetzt, obwohl nie eine leibhaftig in der Hand gehabt, und das Wort *weiter* warm ... *weiter* in weiterziehn, weiterwandern -. Dann ist es der soziologische Terminus: Sammler und Jäger!

Nur Wörter warm besetzt ... oder die Bilder, Ideen, die dahinterstanden -? Als Entwürfe möglichen Lebens, die man ausgesponnen, dann zu Wissen des eigenen Selbsts geworden wären.

Wohl Bilder, Wissen der eigenen Entwürfe: die danach, über die Wörter, warm in Erinnerung behalten wurden -. Vielleicht sogar Steuerung, später: dass vom Wege abgekommen. Oder auch nicht abgekommen.

Wenn vom Wege abgekommen, die Gefühle anders: ärgerlicher, beißender -! Doch wenn noch auf dem ausgesuchten Weg, wärmer, schmeichelnder: okay, Junge ... hast die richtige Richtung, die Nadel peilt auf der Zielmarke.

Sammler und Jäger ... weiterziehn: - stimmten. Warmwarm: Markierungslinien der Schreiber. Früher Zustand der Entwicklungsgeschichte, sammeln und auflesen, weiterziehn, kein Ackerbau und Vieh-zucht. Schreiber ständig in Bewegung: Augen auf, sehen was am Weg liegt, den inneren Bahnen folgen, nie zu Ende - weiter, weiter! -, der Weg das Ziel. Warme Gefühle für *Sammler*, *Jäger*, *weiterziehn*: stimmte für den späteren Schreiber. Auch Wildnis, Wald stimmten: das Ungeordnete, Verwachsene, in die man zuerst Pfade schlagen muss-te, mit dem Hirn als Haumesser. Was waren Kanada, Alaska, wohin sie an ihren Feuern gewollt, gegen die Wildnisse innen -? Auch gegen die Gefahren innen ... gegen das Eis innen, die Hitze, das Glück.

Die damals gesehenen Pfade -. Er war sie in die Wildnis gegangen, die anderen nicht. Von den Vieren an den Feuern er der einzige, der die Pfade gegangen. Nur nicht erfolgreich.

Drosseln Wegbereiter für Nichterfolgreiche -. Tacktock, kreisch-kreisch: Ruf der Wildnis, Freiheit ... Herzklopfen für Nichterfolgrei-che. Nur wer sich unterwirft, wird erfolgreich, Erfolg Gegenteil von Wildnis, Freiheit: Zivilisation!, Kultur!

Nein. Und so erfolglos nun auch wieder nicht -. Ein Bisschen, Biss-chen viel, und Erfolg in Marktwirtschaften sowieso fragwürdig. Dioge-nes in der Tonne wahrscheinlich sehr erfolgreich - im Kern seines An-liegens sehr - und Van Gogh, Schubert. Für manche allein der Weg das Ziel; wenn sie ihren Weg immer wieder neu fanden, der Weg das Ziel: durchs Unterholz, Gestrüpp. - Dein Weg schon gut - wenn er vielleicht auch keiner war.

Anderer nicht vorstellbar gewesen. Lehrer?: nein. Beamter, Verwal-tungsmensch?: nein. Arzt ... Kaufmann ... Bankier?: nein. Wissen-schaftler?: nein, zu starr. Forscher, Reisender?: vielleicht. Maler, Bild-hauer, Komponist?: Ja!

Obwohl keine Ahnung von Noten und kaum von Farben -.

Schreiber ja, Philosoph auch ja, aber freier, nicht akademischer. Der zu starr, in den babylonischen Gefangenschaften der Wissen.

Nichts Starres ... immer erst sehen, wie's läuft -. Nicht wissen: se-hen! Zutiefst misstrauisch, allen Experten gegenüber, skeptisch.

Zuerst einmal, grundsätzlich: Experten suspekt, müssen überprüft werden. Danach vielleicht, kann sein - es kann sein, dass sie Richtiges behaupten. Ein umständlicher, langwieriger Weg, doch befriedigender: auf Gefühlsebene sehr befriedigender! Die Wissen von Leuten zu über-prüfen, sie zurückzuverfolgen zum Denken - dem früher geschehenen Denken, meistens durch andere - schulte das eigene und schuf schließ-lich neues Wissen. Manchmal auf ausgefallenen Gebieten, auf die man sonst kaum gestoßen wäre: Technik, Wetterdienst, Geldwesen, Be-triebswirtschaft, Börsen, Steuergesetze. Konnte wirklich spannend sein ... wenn im Grunde auch unfassbar, dass erwachsene Menschen sich mit so was ihr Lebtag abgaben. Drosseln, Bäumen, Steinen konnte man stets wieder neu zusehn - aber Steuergesetzen, Börsen?

Bei anderen jedoch: gerade die Steuergesetze, gerade die Börsenbewegungen! Und Wetterdienst, Technik, Mathematik, Betriebswirtschaften: die machten ihnen die guten Gefühle, ließen sie ein Leben lang an solchen Wissen arbeiten, bis sie schließlich die Stafetten weitergaben. Mit den besten Gefühlen. Doch Staffellauf wohin -? Häufig in Irrsinnskreise, völligen Unfug. Bei Geldwesen, Technik, Militärs oft klar erkennbar, trotzdem ständige Stafettenweitergaben ... und mit den besten Gefühlen. Nur wenn's sich in Katastrophen schichtete, manchmal Umkehr, Korrektur. - Bei Drosseln, Wald Stafetten nicht möglich. Auch nicht bei Steinen, Wasser, Wind, das vielleicht der Unterschied.

Nein: doch möglich! Auf wissenschaftlichen Ebenen waren auch bei Drosseln, Steinen, Wald, Wind Stafettenweitergaben möglich, nur nicht auf den Gefühlsebenen. Wissensstücke ließen sich weitergeben, aber nicht Gefühle, sie alleiniger Besitz eines einzelnen Menschen. Vielleicht sogar seine eigene Leistung, da auch sie gemacht wurden.

Die eigene Leistung! Seine Gefühle hatte jeder selbst gemacht: sie gehörten zu seiner Person, steckten im Gefängnis des Ichs, konnten nicht weitergegeben werden. Allein Wissen werden weitergereicht und - manchmal, aber selten - auch Denken. Die neuen Wissen, Denken konnten jedoch Wurzeln schlagen, fruchtbar werden: und im Nachhinein dann auch für den anderen Gefühle schaffen, doch diese neuen Gefühle konnten völlig verschieden sein von denen der ersten Person -.

Das der Unterschied: Wissen konnten weitergegeben werden, nicht aber Gefühle. Man konnte schwärmen, welch starke Gefühle der Flug der Drosseln auslöste, von Bach-Kantaten, Autofahrn mit hundertachtzig, doch der andere konnte zurecht erwidern: versteh ich nicht, dieses Zeugs gibt mir absolut nichts ... von Vorgesetzten gelobt, befördert werden - das ist was!

Doch auch der Zoologe, der mit Drosseln umgeht, sie vielleicht unentwegt sezieren muss, entwickelt Gefühle für Drosseln -. Manchmal vielleicht negative. Wenn die Vögel beim Aufschneiden bestialisch stinken, krank sind, bestimmt negative - wenn er nur ihr Verhalten studiert, wahrscheinlich positive. Und Geologen entwickeln Gefühle für Steine; selbst wenn sie sie stets zertrümmern und in Säuren auflösen, um sie zu analysieren, wird das den Gefühlen keinen Abbruch tun, höchstens wenn die Tätigkeiten zu einseitig werden, schließlich langweilig. Und auch der Steinbrucharbeiter entwickelt starke Gefühle für Steine! Sie sind seine ständige Herausforderung, wenn er von Steinen verletzt wird, mindert das nicht seine Gefühle, verschiebt sie höchstens ins Negative. Verstärkt sie jedoch noch. Und ein schwerer Unfall?: verschiebt der die Gefühle grundsätzlich ins Negative ... oder kehren die stark positiven letztlich wieder zurück?

*Bruder* Stein -. Grundsätzlich Bruder Stein, selbst wenn einer dem Menschen das Bein zerschmettert -?

Grundsätzlich wahrscheinlich Bruder Stein. Wenn zu Steinen sinnliche Verhältnisse aufgebaut worden waren, blieben die Gefühle auch nach dem Unfall irgendwie im Positiven. Man hatte mit den Steinen gekämpft und verloren. Man hatte lange mit ihnen gekämpft, fast immer gewonnen ... nur jetzt schließlich verloren -. Punkt! Verlor man das Bein durch einen irren Autofahrer, blieben die Gefühle stark negativ, bei Steinbruchunfall konnten sie jedoch ins Adversive zurückkehren, mehr oder weniger positiv werden. So?: der starke Mann hat mit den Steinen gekämpft und schließlich einmal verloren ... bleibt aber dennoch starker Mann -. Und wenn der Verletzte selbst begeistert irrer Autofahrer ist, der das Bein beim Verkehrsunfall verlor?! Dann doch wieder andere Gefühlsqualität? Manchmal vielleicht auch hier leicht ins Positive verschoben, besonders im besoffenen Kopf am Stammtisch, wenn von diesem Unfall erzählt -. Mit Sicherheit ... dann adversiv!

Nichts eindeutig festgelegt, alles konnte vom Hirn nachträglich manipuliert werden. Oder interpretiert -? Deshalb sogar Stalingrad in den Gefühlen für manche Beteiligte positiv, natürlich nachträglich, weit zurück. Ihre sinnliche Erfahrung der Welt, die Wissensversatzstücke die durch ihren sinnlichen Umgang mit Welt geschaffen wurden!

Nur bei sinnlichem Lernen? Oder auch bei abstraktem -? Der theoretische Physiker der allein mit extrem abstrakten Formeln arbeitet ... kommen seine Wissen mit Gefühlen einher, das die Frage -. Sind es positive, sind es aversive? - Wenn durch die Berechnungen Einmaliges gelingt, sind sie wahrscheinlich stark positiv, unterlaufen dumme Fehler, sind sie aversiv. Doch ganz allgemein, wenn er den Formeln auf dem Computerschirm nur zusieht, was dabei -? Spürt er in sich Gefühle? Oder sind es Zwischenzustände?: zwischen den Gefühlen.

Zwischen Gefühlen. Denken allein möglich in spannungslosem Zwischenstadium, zwischen den Gefühlen!: wenn die Welt in den Körper ein-, ausschwappt, ohne Widerstand, und das Hirn nach allen Seiten offen. Gefühle Verteidigung für Wissen ... wahrscheinlich -: Verteidigungslinien die versuchen, Denken abzublocken. Wissen stets auch erstarrtes Denken, geronnenes Denken - nicht mehr dünnflüssig. Eingedickt, verkrustet. Wissen immer verkrustet!: - auch wenn einmal früher durch Denkbewegungen zustandegekommen. Völlig erstarrt jedoch, wenn die Wissensstücke einfach nur gelernt wurden, ohne Zwischenschalten von Denken: das schulische Zeugs - meistens, bei den meisten -, die Sozialisationsriten, Verhaltenskodizes. Ganz extrem bei Tics, neurotischen Fehlverhalten, Phobien, Waschzwang, Schuldkomplexen. Hier überhaupt je mit positiven Gefühlen verbunden -? Schuldgefühle waren im Erleben wahrscheinlich immer aversiv.

Und wenn der Typ masochistisch ... ders Leiden genoss? Dann, im Nachhinein, vielleicht doch noch positive, befriedigende Gefühle -. Egal ob Wissen richtig war, Hauptsache die Gefühle, die damit einherkamen, positiv!: Gottvater ... Besitz ... Einkommen/ Auskommen ... Essen, Trinken ... Sex. Und wenn nicht adversiv, wurden sie nachträglich mit harter Arbeit positiv gemacht - über masochistische Reaktionen, anderes. Genuss von Schuldgefühlen!, Genuss von Geißelungen!, Genuss von Selbstmitleid!

Vielleicht ... konnte sein -.

Denken aber allein in Zwischenstadien, zwischen den Gefühlen -! Stets *gegen* Wissen gerichtet: immer seine Bedrohung - Gefühle jedoch Verteidigung, von Wissen. Wenn der Körper in den Gefühlen war, dann stand er auch in den zugehörenden Wissen: war eingebunden in ihre Verteidigungslinien. Hirn bastelt unentwegt an Überbauungen, die die vorhandenen Wissen bestätigen wollen.

Bei Schuldgefühlen klar -. Der Schuldkomplex durch Gefühle geschützt, die nicht zulassen, dass drangerüttelt: mit Denken die Wissen der eigenen Schuld hinterfragt, bedroht werden.

Eigentlich klar ... nur Gefühle falsch erklärt. Der verheerende Gottüberbau durch Jahrtausende, mit Rippen, Seelen, Atem. Schichtenaufbaumodelle, System Unbewusst: verheerende Phantasien durch Jahrtausende, Unfug gebiert Unfug.

Drosseln in den Schonungen der Kindheit -: sinnliche Erfahrung der Welt. Nicht sozialer Scheiß von Mensch zu Mensch, von oben nach unten: Sitz grade am Tisch!, wasch die Hände!, Vater und Mutter sollst du ehren! Vor allem sei pflichtbewusst, gehorsam: denk nicht - *weiß* immer!

Das vielleicht der Sinn von gehorsam: zu wissen, stets nach innen auf gespeichertes Wissen zu horchen. Auf Ge-wissen! Nicht allein zu hören auf Worte, Erklärungen, die von außen kommen - von Eltern, Vorgesetzten, Politikern -, sondern von innen. Da wo Seelen sprechen ... Gott ... gewachsene Unten-/ Obenstrukturen, die über Jahrhunderte entstanden sind, ohne dass es mit Vererbung zu tun hätte: nur mit Erklärungen - von Mensch zu Mensch.

Drosseln in den Schonungen ... sinnliche Erfahrung der Welt! Bäume, Feuer, Wind, Gras: sinnliche Erfahrungen, die Freunde störten nicht. Und zusammenhocken, entspannt reden, denken, die Hirne, Phantasien in ewig neue Richtungen treiben -: auch das sinnliche Erfahrungen der Welt. Die neue Möglichkeiten der Welt aufzeigen, ohne sie von vornherein schon durch Wissen erstarrt zu haben ... die Festlegungen kamen erst später, von selbst -.

Übungsfelder für alle Kinder, auch ohne Drosseln -? Nicht für alle, nicht immer möglich. Die Leben mancher schon sehr früh zerstört: durch religiösen Wahn, blutsaugende Mütter/ Väter, Kindergartenscheiß, Schulen, Eifersucht, Missgunst, Habgier, Neid. Durch andressierte Wissen, Gefühle, die frühen Zerstörungen fast immer von Mensch zu Mensch, das Entkommenkönnen - vielleicht nur kurz - die Ausnahmen. Entkommen über Feuer, Drosseln, Wind -?

Der Mechanismus ... die Wirkungswege. Einmal Meditation, fast schon klassisch: Wolken, Feuer, Töne, Meer, Licht, Vogelzug - in allen Kulturen. Vehikel, um in sich zu gehen, neu nachzudenken, seit ewig gewusst. Wenn man Probleme hatte, nicht weiterkam, musste man allein sein, einfachen Dingen begegnen: Steinen, Bächen, Wolken, Wind. Menschen störten beim Weiterkommen, und das war Nachdenken. In schwierigen Situationen ist auf gelernte Wissen kein Verlass, muss neu nachgedacht werden, gefordert dann neues Denken! Und das kommt am ehesten zustande in der Konfrontation mit den großen, einfachen Dingen. Wurde seit ewig gewusst - und Menschen störten dabei.

Okay ... Volk das durch abgespeicherte Wissen lebt, kann auf Jahrmärkte, Talkshows, Diskos gehn, sich Walkmen aufsetzen, einkaufsbummeln, Hinrichtungen, Unfällen beiwohnen - panem et circenses -, doch wer neue Wege sucht, muss zuerst aus den sich selbst bestätigenden Wissenskreisen heraus. Warum -? Der Wirkungsweg.

Eine andere Qualität ... Lernen von Mensch zu Mensch: viel Aversives, Ohnmächtiges, Gehässiges. Verheerende Machtspiele, alle und jedes mit Willen zur Macht: Elternhaus, Gesellschaft, Arbeitsleben, Marktwirtschaft, Kindergarten, Parteien, Reklamen, Schulen, arm/ reich, ständiges Arbeiten mit Drohen, Sanktionen, Gewalt. Leben - und vor allem Großwerden - hatte hier mit den Erlebnissen von Ohnmacht zu tun und in der Folge mit *aversiven* Gefühlen: denen der Angst, Unterlegenheit, Vorsicht. Und denen der Eifersucht, Habgier, des Neides, Geizes, der Gehässigkeit. Gefühle des Zusammenziehens, Aufbäumens des Körpers, Hirns! Was an Gehässigkeiten erfahren, gab man zurück: ab und zu offen, psychosomatisch versteckt dem eigenen Körper, sublimiert in gesellschaftlichen Machtspielen. Die Wunden waren so selbstverständlich, dass sie schon bald von positiven Gefühlen abgestützt wurden: Genuss der Habgier!, Genuss der Eifersucht, des Neides! Ein scheinbar starkes eigenes Leben. - Und dem gegenüber: Bäche, Wolken, Wind, können sie gehässig sein -?

Wolken können Blitz, Donner, Schnee bringen, Bäche Überschwemmungen, Winde Hausabdeckungen ... doch nicht gehässig sein. Gewaltige Kräfte, aber nie Wille zur Macht. Sie können Menschen beherrschen, sogar zerstören, doch sie unterwerfen sie nicht mit Ideen, Gefühlen: um sich selbst auszukosten! Die Erfahrungen mit nicht-menschlichen Welten deshalb meistens positiv im Körper befestigt, die Gefühle *adversiv* erlebt: draufzugehend, sich öffnend. - In den sinnlichen Erfahrungen Erlebnisse eigener Kraft, besonders in der Kindheit. Das Stauen von Bächen, Klettern auf Bäumen, Schwimmen im Meer, Spielen mit Wind, Sturm: Erlebnisfelder für eigene Kraft, eventuell auch Macht. Die sozialen Felder dagegen - Elternhaus, Schulen, Berufswelt, Straßenverkehr - fast stets mit Erlebnissen der Ohnmacht verbunden, besonders in Kindheit, aber auch in der Fortführung später. Steuerung der Leben über Ängste: persönlich - selbst - und in den gesellschaftlichen Perfektionierungen. Immer, überall das Herrschen über gezielte Erzeugung *aversiver* Gefühle, gleichgültig wie die Gesellschaften aussahen, wann und wo sie existierten.

Völlig eindeutig ... und genau so eindeutig, dass die Steuerung der Leben allein über negative Gefühle nicht möglich ist, wenigstens nicht auf Dauer -. Doch wenn schon die äußeren Lebensrichtungen nicht verändert werden können, musste man zumindest die inneren Erlebniswerte drehen: die ursprünglichen Aversionen zu positiven Gefühlen machen, mit zusätzlichen ideologischen Unterfütterungen. Das Konkurrieren zum Beispiel - als angeblich tragende Säule der Marktwirtschaft, anderer -: Perverses einfach gedreht ins Positive. - Die Frage nur, ob so etwas auf Dauer zu ertragen ... von den Einzelnen bestimmt nicht, aber auch den Gesellschaften nicht. Die Zeichen mehrten sich in drehenden Selbstzerfleischungen, auch wenn sie nach außen gerichtet schienen: die Vandalismen materieller Zerstörungen, Vandalismen Öffentlicher Verschuldungen, Vandalismen der Parolen. In der Gesamtheit, noch nicht bei jedem Einzelnen, doch irgendwie die Sehnsucht aller, aus diesen Versottungen der Gehirne - gesellschaftliche Alzheimer? - herauszukommen. Vordergründige Ausbruchsversuche ... in Felder positiv erlebter Gefühle: Urlaubstaumel, Drachenfliegen, Saufen, Neuanschaffungen - und sobald's vorbei war, ging alles wieder von vorne los.

Perfekte Vermarktung -: über aversive Gefühle. Nicht einmal mehr

Köpfe brauchten heute abgeschlagen oder Leute aufs Rad geflochten zu werden, um die Untertanen bei der Stange zu halten -. Die hielten sich selbst. Indem sie sich ihre aversiven Gefühle selbst erzeugten, brauchten das nicht mehr andere für sie zu erledigen, oder nur noch mittelbar, indem sie Bilder angeblich richtigen Lebens an die Wände warfen.

Hatten sie früher aber auch getan -. All die vielen Heiligenbilder, Legenden, Märchen, Katechismen, selbst in China - nur buddhistisch gedreht - oder in Japan, Indien. Und im neuen China: nun revolutionär unterfüttert, doch im Grunde die gleichen Legenden, Katechismen. - Vielleicht kam es bei allen neuen Ideen immer zuerst revolutionär daher, die Frage aber, ob die unendlichen Heiligenbilder damals den gleichen Frust auslösten wie heutige Reklamen. Bei einigen bestimmt, bei anderen wieder nicht. Bei Volkes Mengen bestimmt - die bösen Pfaffenwitze deuteten draufhin -, sie wurden aber in der Angst des Herrn gehalten, eben auch mit Kopfabschlagen, Rädern, Scheiterhaufen, doch bei einigen war es sicher Ansporn, tadellose Wege zu gehen. Nur: waren die Heiligennachahmer nun die Intelligenten oder die Blöden -?

Und heute: welche Bilder genau an die Wand? Welche Legenden, Katechismen? - Katechismen des ewigen Runterschluckers, ewigen Stehers, der immer kann. Diesmal waren eher die robusten Volksempfindler Träger der Bewegung ... und intelligent Sensible die Aussteiger, diese allein schluckende Volksmentalität gab wahrscheinlich nicht genug für deren Gehirne ab, machte intellektuelles Sodbrennen. Oder es machte ihnen aversive Gefühle, weil sie in ihrer geschulten Wendigkeit von früher her noch andere Wissen gespeichert hatten: wie der Mensch zu sein hat oder doch sein könnte, wenn er sich menschliche Mühe gab. Der Mensch als humanistisch göttliche Sendung, zumindest historische -. Verdammt, irgendwie müsste das Ganze doch Sinn machen ... nur schluckenschlucken geht nicht, der Mensch müsste mehr sein als ein Stück Vieh. Oder ist er es doch nicht -? Die Krone der Schöpfung, das Schwein, der Mensch: hatte man ja auch mal auf den breiten Bildungswegen der Besseren gelesen, als alles noch Herzklopfen bereitete.

Drosseln in den Schonungen - ... Feuer ... Wasser ... Benn: hatten einem gute Gefühle gemacht, machten sie auch heute noch. Diese Bilder, Stimmen, Gerüche gut adversiv unterfüttert, öffneten den Körper, ließen Welt ein-, ausschwappen. Doch vielleicht auch nicht adversiv: der Zwischenzustand - zwischen den Gefühlen -, aus dem heraus sich gut denken ließ. Schlucken, Geld, Autos, Zinsen, Vermögen nicht positiv geschützt, eher gelangweilt entspannt, jedoch auch nicht mit Aversion, ebenfalls nicht Gesellschaft, Staat, Deutschland, Bürgertum. Bürgertum ab und zu mit Aversionen, aber nicht stark, ebenfalls mehr gelangweilt, des Betrachtens nicht wert. Entschiedene Aversion nur, wenn Unvernünftiges, rationale Irrwege, verheerende Fehler: dann der Aufstand des Körpers! Ins Eisige überspannt, um die nötige Kraft zu haben, solche Fehlleistungen korrigieren zu können.

Wenigstens gedanklich -. Vibrieren des Körpers in eisiger Ruhe, und diese Ruhezustände zwischen den verschiedenen Gefühlen alle irgendwie gleich: nur bei den einen angespannt, den anderen entspannt. Ebenso die Wachheit gleich - bei den einen ungezielt wach, den anderen gezielt wach - ... und schließlich vielleicht sogar in beiden Feldern die Ergebnisse gleich: gleich befriedigend.

Seltsam -. Positive wie negative Gefühle anscheinend gleich fehlerhaft gefährlich: nur Wegweiser, Signale, Geländer an denen sich entlanghangeln ließ - doch ohne Sicherheit für die Qualitäten der erreichbaren Ziele. Auch stark positive Gefühle konnten in Abgründe führen ... aversive vielleicht rettende Ufer verbergen. Klarheit stets allein in dem Zustand zwischen den Gefühlen zu gewinnen, und nur vielleicht, mit sehr viel Arbeit.

Stark positive Gefühle in bestimmte Richtungen gefährlicher als stark aversive! Aversive bremsten, von der Struktur her, erst einmal den Antrieb - weil schmerzhaft empfunden -, während adversiv positive süffigere Qualitäten vorgaukelten, Entwürfe für neue Ufer die erreichbar schienen. Nur waren es nie Entwürfe, sondern Gefühle -. Wirklich tragende Entwürfe kamen immer aus den entspannten Zuständen: *zwischen* den Gefühlen.

Und auch schienen stets bestimmte Menschengruppen anfällig für solche scheinbaren Entwürfe über stark positive Gefühle ... immer irgendwie das gute Bürgertum, nicht alle, doch viele der Jungen die Bildung, Wissen mitbekommen hatten, ohne die Fähigkeiten originär zu denken. Die alle Schwierigkeiten des Denkens schon im Ansatz mit ihren Gefühlen wegbügelten -. Die erst einmal an starkem Leben interessiert waren, natürlich in ihrer Phantasie: los, denkt positiv ... man lebt nur einmal! Kleine Leute waren für so etwas weniger anfällig, ihnen fehlte die Wendigkeit höherer Bildung, die notwendige materielle Absicherung: sie mussten immer nur arbeiten. Und dann waren sie auch gebrannte Kinder, mit geschichtlicher Erfahrung: was die anderen sich in ihren großen Entwürfen so zusammenfühlten, mussten später stets sie auslöffeln -.

Die erste Grundlage fürs frei fühlende Zusammenspinnen war wohl die gewisse materielle Abgesichertheit, ein wenig Jeunesse dorée gehörte dazu. Behütete Kindheiten ... und die Frustrationen, Langeweilen die daraus erwuchsen. Viel aversives Gefühl auf familiären Ebenen: Überdruss, Ekel. Die Kleinen Leute mussten arbeiten, arbeiten, hatten keine Zeit, Lebensüberdruss zu entwickeln, doch diese bestimmten anderen hatten Zeit, und dann plötzlich ihre Eruptionen: in positiv gefühlte Großentwürfe!

Es waren immer bestimmte Gruppen, von identischer Struktur, psychosozial alle gleich oder ähnlich. Hohe Begeisterungsfähigkeit, Denken mit dem Herzen ... dazu die Langeweile, egozentrische Besessenheit, das Ich als Selbstgenuss. Das Allerverblüffendste aber war, dass diese bestimmten Gruppen immer wieder neu auftauchten und die Gesellschaften zu steuern versuchten: Anfang des 20. Jahrhunderts antizivilisatorisch, Wandervogel/; kurz drauf „Serbien muss sterbien", „jeder Stoß ein Franzos": ab in den Krieg/; in den Zwanzigern dann „Versailler Schandfriede", „im Felde unbesiegt", Kampf gegen die Roten/; in den Dreißigern Zittern der morschen Knochen, „Volk ohne Raum!"/; im Krieg „Wunderwaffen"/; nach dem Krieg „Wirtschaftswunder" (wegen der warmen Begeisterungsfähigkeit häufig was mit Wunder)/; dann Antikommunismus, im anderen Teil des Reiches genauso begeisterter Sozialismus/; die 68iger Jugendrevolten wieder dasselbe: aus unseren begeisterungsfähigen Herzen/; danach die Grün-Alternativen: nicht zu verkennen, wem sag ich's denn/; dann „Raum ohne Volk" (den Spruch aus den Dreißigern einfach umgedreht)/; und im Moment die begeisternden Schlagwortbegriffe „Lean-production", „Multikulturelle Gesellschaft". - Schon eindrucksvoll, wenn es sie packte ... die Aussagen, Richtungen konnten völlig wechseln, doch die Feuer der Herzen blieben gleich.

Adversiv positives Gefühls gefährlicher -. Zumindest für die Gesellschaft als ganze, für den einzelnen vielleicht nicht. Oder für ihn sogar wertvoll: in der eigenen Erlebnisqualität. Zuviel Aversives konnte auf Körper, Hirn schlagen und depressiv machen, schützte natürlich auch vor unüberlegten Entscheidungen, die kaum wieder rückgängig gemacht werden konnten: Anschaffungen, Ehen, Berufe, Schulden.

Doch ohne überkochenden Gefühlswirrwarr wurde schließlich gar nichts mehr auf die Wege gebracht -. Schon interessant. Für mitreißende Kriege war zuerst einmal überbordendes Gefühl nötig: auch um sie zu gewinnen, potentiell gewinnen zu können. Mit lauter Aversionen kamen überhaupt keine Kriege mehr in Gang ... doch überbordendes adversives Gefühls erhöhte die Wahrscheinlichkeit des Verlierens dieser Kriege. Wie auch zuviel aversives -. Die größte *Wahrscheinlichkeit*, einen Krieg zu gewinnen, wieder in den Zwischenzuständen: in jedem Moment die Situationen denkend neu zu überprüfen, sich von keinem Gefühl überrennen zu lassen. Das der sicherste Weg! Die Frage war nur, ob Gewinnen dann noch Spaß machte -.

Das zum Krieg, aber auch zu anderem. Gefühle gleich ... nach beiden Seiten! Oder doch ähnlich: Muskel spannende Körpersignale. Sie waren fast gleich, nur die *nachträglichen* Interpretationen verschieden: ich habe Angst ... bin verliebt ... neidisch ... eifersüchtig ... bin hilfsbereit. Der Gefällabstand von Anspannung zu Anspannung war meistens nicht allzu groß, deshalb wahrscheinlich auch nicht der mögliche Erlebniswert der eigenen Gefühle. Der größte Gefällabstand ergab sich aus dem völlig entspannten Zwischenzustand!: hinauf zur positiven Gefühlsanspannung ... oder auch hinab zur aversiven!

In leerem Zwischenzustand intensiv zu denken -: dann Entscheidendes in die Wege leiten und gewinnen - das Explodieren des Körpers, Glück!

Oder zu verlieren: auch Glück -.

Vielleicht ... die Intensität des Erlebens war abhängig vom Spannungsabstand: am größten aus dem spannungslosen Zwischenzustand heraus zu den adversiven oder aversiven. - Von der negativen Gefühlsanspannung hinüber zur positiven war kein großer Höhenunterschied, höchstens im Nachhinein, bei der nachträglichen Interpretation: „mein Gott, war ich damals unglücklich ... dabei war ich kurz zuvor noch so glücklich gewesen -."

Is doch egal, Junge ... alles eins, Pack schlägt sich, Pack verträgt sich. Öfter mal Achterbahn fahren!

Konnte sein -. Die meisten hielten sich in den Anspannungen auf, hüpften von einem Hoch zum anderen. Die Hochs, die auch Tiefs sein konnten: angespannte Gefühlsspitzen ... egal ob positiv oder negativ. Nur -: der wirkliche Genuss ganz woanders.

Wahrscheinlich auch ziemlich fad: hüpfen von einem Gefühl zum andren, der Körper ermüdete, immer neue Reizschwellen mussten gesetzt werden. *Wer nicht wächst, stirbt*: ehernes Gesetz der Marktwirtschaft mit ständigen Wissensausweitungen ... wie der Mensch zu sein hat, was das richtige Leben, wie in, wann up to date und je überhaupt. All die großen Wissen - und trotzdem wohl ziemlich fad. Der Blick in die Gesichter vor der Ampel bei tiefstehender Sonne genügte: wie im Irrenhaus, wie die hinternanderherfuhren ... nur Hüllen, total zugedröhnt, achteten allein noch auf äußere Signale. Wenn sie jedoch sahen, dass ihnen zugeschaut, sofort die Zähne gefletscht: damit die anderen wussten, wie happy -. Muss der Mensch nicht happy sein, wenn er in frisch gewaschenem Auto zum Vergnügen hinter anderen herfährt? Denk positiv!

Die Frage allein, ob Denken je positiv ... oder je negativ. Wahrscheinlich jenseits: *zwischen* - zwischen den Gefühlen.

Aus der Tiefe heraus zu den Gefühlsspitzen -! Aversive, adversive entstanden erst durch das Bedrohen der Wissen: *bedrohen* nicht unbedingt negativ, konnte auch bestätigend sein, hinterfragen. Die Gefühle entstanden beim Bedrohen, Auseinandersetzen der Wissen mit Denken ... Vorstoß aus der Tiefe des Raums: wenn Körper entspannt, Welt ein-, ausschwappt, Hirn noch nicht festgelegt -. Wenn das Gehirn dann an Wissensfestungen schrammt ... draufprallt ... sie unterminiert: nur um zu sehen, ob fest, und wie fest. Konnten auch plötzliche neue Erfahrungen sein, die von außen kamen und nicht ins bisherige Wissensraster passten. Doch ob Bedrohung oder nicht ... stets mit zwischengeschaltetem Denkprozess! Konnte auch höchst einfältiger sein. Wenn einer an Gott fest glaubte, der andre sagte: gibt keinen!, flippte der erste zuerst einmal gefühlsmäßig aus -. Oder: eins plus eins ist drei!, versuch's mal mit Überzeugung bei jemandem.

Und dann innen ... wenn die Mauern bröckeln, Risse entstehn -. Die Risse weiten, sich Spalten bilden, an denen reißen, brechen lässt, schließlich alles ins Rutschen kommt, nur noch Krach und Staub, Geruch: das das Höchste! Oder wenn die Festung hält, nicht bebt: auch gut -. Überprüft und hat standgehalten ... könnte vielleicht was dran sein, an diesen Wissen. Oder beim nächsten mal kippen, Misstrauen angebracht, besonders gegen eherne Wissen, von anderen bejubelte Wissen.

Aus der Tiefe des Raums nach oben!: das Genuss ... egal ob positiv, negativ. Hier der höchste Gefällabstand: von der totalen Entspannung - wo hüllenlos, Welt ein-, ausschwappt - hin zur extremen Anspannung. Denken das Größte! ... Explodieren des Körpers: Glück.

Oder war es das Explodieren des Hirns -?

Des Körpers. Gefühlswerte immer die des Körpers - Gehirn mit anderem Wert.

Drosseln in den Schonungen, Feuer, Wasser, Wind, Stille, Geruch. Nicht Drosseln, Feuer, Wind! Nicht sie waren es, welche die Gefühle machten, sie nicht real oder real gemeint: allein Vehikel zur Leere! Lassen abrutschen in Leere ... wo Welt ein-, ausschwappt, ohne das Wort Welt und ohne das Wort schwappen. Von wo die Wissen angegangen werden können: mit plötzlichem Antritt des Gehirns! Etwas ohne Schwerkraft tritt an: nicht Körper ... Hirn! Explosiv plötzlich - und Körper ganz ruhig. Die Explosion des Körpers erst später: wenn das Hirn schlitzt ... kreuz, die quer, Wunden reißt durchs Wissen.

Doch auch vorher schon ... das Nichts zwischen den Gefühlen: selbst das schon empfunden als Gefühl -. Das Dröhnen des Nichts: Prickeln des Bluts, Rauschen der Zellen. Antigefühle, Nichtgefühle - die schon empfunden als Gefühl, vielleicht als größtes von allen, da noch kein Gefühl. Kann sein ... als Gegenentwurf - oder gedankliches Absetzen - gegens Gefühl, später, in der Phantasie: als Gegenwelt die gewusst wird, gegens Sonstige, Normale, und dabei gleichzeitig Erlebnis ist. Wie sonst Gefühle: nur besser - und auch im Körper.

Drosseln, Wind ebenfalls Gefühle, wenn real gehört, gesehen, in den Momenten des Sehens, Hörens! Doch wenn sie hineingenommen in die Phantasie - aus der Erinnerung - nicht mehr real, nur noch Leere, gefühllos: Vehikel für andres, um nach oben zu gehen!

Nein: auch reale Dinge führen zu den Leeren zwischen die Gefühle. Zuerst auslösen von Gefühlen - Sturm, Meer, Hunde, Stille, Wald -, dann das Abrutschen zwischen die Gefühle. Auch die realen Dinge hier und jetzt Meditationsvehikel, mit häufigen Wechseln zwischen den E-benen: mal Gefühlsebenen oben, mal wieder die der Leerenruhe. Primär - nicht erst wenn Wissen bedroht durch Denken! Frage nur, ob die Wirkungen durch die Dinge an sich entstehen oder durch ihre Begriffe, Wörter -.

Das Wort *Sturm* schon Wissen ... in das Wesensmerkmale starken Windes - beschrieben mit dem Wort Sturm - eingearbeitet sind! Einmal selbst geschaffenes aus eigener Erfahrung, aber auch Wissen von anderen durch Überlieferung. Die Quellen sehr vielseitig: Erzählungen, Märchen, Bücher, Schulunterricht, Fernsehn, Wetterbericht. Wenn *Sturm* als abstraktes Wissen auf überlieferten Wortebenen empfunden, wird dieser Begriff durch den tatsächlich tobenden Sturm überprüft, verändert. Dann erklärlich, warum er Gefühle auslöst, positive/ negative: es ist die Bedrohung der gespeicherten Wissen über ihn - verändert, bestätigt sie, muss deshalb Gefühle auslösen, weil darin Unsicherheiten stecken. Doch Sturm als sinnliche Erfahrung - mit genauem Hören, Sehen, Riechen, Anstrengung der Sinne unter Ausschaltung gelernter Wissen - führt in die Leere zwischen die Gefühle! Und weiter die Frage ob gleiche, ähnliche Wirkungen auch bei der Begegnung mit von Menschen gemachten Dingen entstehen - wie Gott, Besitz, Auto, Vermögen, Geld, Kunst, Musik.

Das die Frage. Die Konfrontation mit konkretem Geld konnte wahrscheinlich Gefühle auslösen ... wurde es mehr, positive, verlor man etwas davon, aversive. Habgier, Geiz, Neid: ausgeprägt aversive Gefühle die mit Geld einherkamen. Oder waren es adversiv positive, die bestimmte Wissen bestätigend schützen wollten -? Im Grunde ziemlich gleich: allein Signale des Körpers für gespeicherte Ideen, Wissen. Bei der Begegnung mit von Menschen geschaffenen Dingen bewegte sich der Einzelne jedoch stets in von anderen - manchmal auch durch ihn selbst als Medium - abgesteckten Wissens-, Handlungsrahmen. Er war, ob bewusst oder nicht, in vorgegebenen Rahmenfeldern gefangen, konnte den Ebenen der Gefühle, der Wissen nicht entkommen, und beim Nachdenken bewegte sich solche Art Denken irgendwie immer in den Grenzen der vorhandenen Wissen. Selbst wenn er mit dem konkret glänzenden Geld(gold) als Vehikel in meditative Phasen hinabglitt, kam die dabei empfundene Ruhe aus sich entspannenden Gefühlen. Es waren die Wirkungen von adversiv bestätigenden Gefühlen des Körpers! Über das Vehikel Geld war wahrscheinlich nicht in die Leeren zwischen die Gefühle zu gelangen.

Und bei *Gott* - Beten zu Gott, Meditieren, Singen? Die Bewegung, Verharrung hier geschah ebenfalls in vorgegebenen Rahmen: von Priestern, anderen, auch durch sich selbst. Hirn, Körper kreisten in bereits fixierten Definitionsrahmen, und selbst tiefstes Abgleiten in die Meditation erzeugte nur angenehm entspannende Gefühle, die als schmeichelnd positiv empfunden wurden. Als ruhig, sicher: mitten im Glauben stehend, dazugehörend zu anderen Menschen, Gott. Dieser Zustand war jedoch nicht die Leere zwischen den Gefühlen, und geschah es in der Kirche, war selbst der Raum schon vordefiniert! Alles arbeitete Hand in Hand: an vorgegebenen *Wissen*. Kirchen etwas völlig anderes als gleich große Höhlenauswaschungen im Gebirge, in Höhlen war das Erreichen der Leeren zwischen den Gefühlen möglich, in Kirchen wohl nicht: da hier die Konfrontation stets - zumindest leicht - adversiv/ aversiv begleitet wurde.

Auch für Atheisten -?

Ja, Atheisten nicht im kulturfreien Raum. Für die Ausformung ihrer Gegenhaltungen waren grade vielleicht Kirchen die idealen Orte zum Nachdenken, dabei drohte ihnen aber, in den vorgegebenen Rahmen gefangen zu bleiben. Es gibt keine erklärungsfreien sozialen Räume: Menschen sind unentwegt dabei, sich Erklärungen für Erscheinungen der *Welt* zu geben - begierig, sie zu bekommen, sammeln sie unentwegt, von andren, sich selbst. Ständiges Abgleiten von der Beweglichkeit des Denkens in die Ankerplätze der Wissen ... mussten ja nicht stimmen, doch die Festlegungen gaben Sicherheit. Immer gierig nach Verharren, ständigem Festungsbau: hin zu den positiv-adversiven Gefühlen -. Galt bis in höchste Wissen: volkswirtschaftliche, physikalische Theorien, Gottesbeweise, biologische Gesetze, mathematische Formeln. Und Dummheit stets in Ansammlung von Wissen begründet!

Nicht der, der sagte *weiß nicht*, dumm, sondern der der wusste ... und je sicherer einer wusste, desto größer die Wahrscheinlichkeit, dass es Dummheit betraf -. Galt für alles: den lieben Gott, Marktwirtschaft, Geld, Planwirtschaft, Drosseln, Sturm, Wald - nur bei Drosseln/ Wald die Wahrscheinlichkeit größer, in die Leeren zwischen die Gefühle zu geraten. Bei Gott/ Marktwirtschaft/ Geld wahrscheinlich unmöglich, hier immer ein Sichbewegen in vorgegebenen Definitionsrahmen.

Aus Angst vor Welt wurde Wissen auf Wissen getürmt, Definition aus Definitionen unendlich abgeleitet: dabei zu Gefangenen der eigenen Ideen geworden. Oder zu Gefangenen derer die die Macht hatten, Wissensrahmen zu definieren?: Kirchen, Wissenschaften, Besitzende, Wohlanständige. Oder derer die die Nutznießer der einmal definierten Rahmen waren und sie deshalb bis ins Unendliche tradierten -? Die sich über Generationen die nützlichen Idioten suchten, damit diese ihre Regeln stets wieder neu einzuüben halfen: Priester, Lehrer, Militärs, Richter, Sozialarbeiter, Wirtschaftswissenschaftler, Choralsinger ... die dafür einen Teil der Beute abkriegten, um sich vom gemeinen Volk abheben zu können -. Was wiederum ihnen gute Gefühle machte, sie ansporte, immer perfektere Regeln für diese fremdbestimmten Wissens-/ Definitionsrahmen zu erarbeiten.

Mit Sicherheit ... keine Chancen mehr, den überlieferten Wissen zu entkommen: und damit den Fragwürdigkeiten des Lebens. Sie fühlten sich jedoch gut, deshalb die Frage, ob es nicht reicht, sich gut zu fühlen -? Das allein nicht schon Sinn genug? Sich gut fühlen und sterben ... wäre doch großer Entwurf.

Sie fühlten sich eben nicht so besonders gut -! Manchmal fühlten sie sich gut, hauptsächlich jedoch geschahen ihre Steuerungen über negative Gefühle. Unruhen, Ängste, Störungen waren weit verbreitet: aversives Gefühls, mit ständigem Ausweichen - flüchten davor in positive Gefühle! Nicht das Arbeiten an Wissen, Verhalten mit denen adversive Gefühle einherkommen, sondern versuchen, die Gefühle abzukoppeln, sich auf deren Oberflächen zu tummeln: Highlifes, Drogen ... Suff ... Anschaffungsräusche, Ferienräusche ... essen, fasten ... Bioenergetics, Zwangstics, Drachenfliegen -. Künstliches Loslösen des Gefühls aus seinen Bedingungen: Hollandtomaten auf Gittern - in ewiger Nährlösung.

Rastloses Wegtauchen, Hüpfen von einem Gefühl zum anderen. Die irren Gesichter in den Bürgerwohnungen, die irren in ihren Bürgerautos wie sie hinternanderherfahren, die irren am Arbeitsplatz: weg ... nur weg. Doch wohin-? Keine Chancen mehr ... alles gefangen in überlie-

ferten Wissen. *Bourgeoisie*: methodisches Sammeln der Wissen ...
plus Kultivierungen der Gefühle -.

Nein!: ihre Definition allein schon durch Kultivierung der Gefühle
gegeben. Horten von Wissen, Zwanghaftem, Tics, Teller-, Nippessammeln, für Glasschränke, anderem. Das Sammeln von Wissen um der
Gefühle willen, nicht umgekehrt! Nicht um des Wissens willen.

Um das systematische Auswerten von Erfahrung aus Weltbegegnung bemühen sich alle Gesellschaften, selbst primitive, weil das das
Überleben sichert - doch Kultivierung der damit einherkommenden Gefühle in immer neue Verfeinerungen machen nur bourgeoise. Das die
bürgerlichen Entwicklungsstadien, die in allen alt gewordenen Gesellschaften auftreten konnten: als Bewegungen mit denen es bergab ging -
als Deformationsprozesse. Auch in islamischen Gesellschaften, chinesischen, kommunistischen, den griechischen, altrömischen. Die alten
Römer wahrscheinlich an losgelöster Kultivierung der Gefühle kaputtgegangen, wie momentan die kommunistischen Gesellschaften. Dies
machte stets die Kraft junger Völker aus: dass sie ihre Erfahrungen mit
*Welt* zu neuen Wissen auswerteten und damit jungen Gefühlen - sie
kannten noch nicht das Kultivieren der Gefühle um ihrer selbst willen.
Ihre Wissen entstanden weitgehend aus eigenem Denken hier und jetzt,
nicht durch Überlieferungen, wurden ständig neu durch ihr Denken auf
Richtigkeit, Wert überprüft: und genau das gab ihnen die Kraft, die
schließlich zur Macht führte. Der Abstieg in die Gefühle kam später,
wenn die Gesellschaftsstrukturen zu Bourgeoisie geronnen waren, nur
noch Festungsbau betrieben wurde. Als Besitz. Denken nur noch als
verwaltendes Horten: kultiviertes Aufsuchen von Gefühlen die mit den
althergebrachten Wissen einherkamen -. Und daran gingen sie schließlich kaputt.

Bourgeoise suchten nicht mehr die Zwischenzustände auf: die *Leeren*
zwischen den Gefühlen, aus denen allein entscheidend gedacht werden
kann. Dorthin zu gelangen, sehr anstrengend, surfen auf Gefühlen süffiger: das tun, was gut tut ... hüpfhüpf -. Alles gut laufen lassen: nach
den guten Gefühlen. - Junge Völker, junge Gesellschaften gerieten
häufig in die Leeren zwischen die Gefühle, mussten sie sich notgedrungen erarbeiten, und manchmal auch noch alte, wenn sie stark bedrängt, verfolgt wurden. Die Juden, andere Minderheiten.

So vielleicht auch der Aufstieg junger Familien zu erklären, die
nicht über Generationen in Gefühlskultivierungen gefangen worden
waren, und im Gegenzug der Abstieg der alten. Hierhin gehören auch
die Künste! Die Leeren zwischen den Gefühlen bevorzugte Aufenthaltsorte für Maler, Schreiber, Komponisten, ihr eigentlicher Aufent-

haltsort: aus dem Werke geschaffen werden konnten. Allein aus den Leeren heraus ließen sich Richtig/ Falsch, Gut/ Schlecht, Sinn, Unsinn, Wert beurteilen - für die welche Neues schufen. Nicht über die alten Werke, die bereits in überlieferten Wissen steckten, über Gefühle verwaltet wurden, von Kritikern, Studienräten, Museensmenschen bis hin zu Politikern, anderen, die sich über diese alten Künste selbst feierten, in den Theatern, Stiftungen, Sammlungen, Museen. Die so ihre heimlich aversiven Gefühle gegen die eigene Person noch positiv gefühlt drehen wollten -. Und die mit den großen Schlapphüten, großen Herzen, Geschlechtsteilen waren im Kunstgefühlsbrimborium drin: die nachschaffenden Typen, Spieler, Sänger, Buntmaler, die epigonalen die süffig runtergingen, bei denen man gleich schwach und heiß wurde und oft auch scharf. Weil sie aus den großen Gefühlen heraus arbeiteten - sie wissend benutzten - waren sie voll in den Gefühlen der Rezipienten drin: wurden aufgenommen, geliebt, begehrt - verfestigten so die starken Gefühle dieser Sub-, Hinterwelten. Darin wahrscheinlich begründet, warum in allen Generationen Unmengen von Schund zu größtmöglicher Kunst hochgejubelt wurde, von denen nach einer halben Generation kaum einer mehr wusste, wieso dieses Zeugs jemals erwähnt worden war.

Kreativ Neues ... nur aus Leeren heraus! Doch Kunst, alte wie neue, konnte auch in die Leeren zurückführen -. Ein Musikstück, Bild, die Zeilen eines Gedichts konnten als Vehikel benutzt werden, um in die Leeren zwischen die Gefühle hinabzusteigen. War möglich, wurde oft getan. - Kunst wurde einmal benutzt, um sich, das eigene bourgeoise Geschlecht zu feiern, ihm Denkmäler zu setzen, die von dieser Generation in dunkle Zukunft leuchteten. Das geschah häufig, meistens, das weite Feld menschlicher Komödien: unentwegt Lichter setzen, die Aufmerksamkeit erregen, und sich so von anderen absetzen im gesellschaftlichen Überlebenskampf. Pfauenzeugs, Radschlagen ... fast schon wieder biologisch, wahrscheinlich aber nur Gefühlsverstärker, wie die Geschmacksverstärker in der Wurst, den Süßigkeiten. Techniken, welche die Gehirne ausschalten sollten, und die Wissen in immer neue Selbstverstärkungsspiralen drehten: wem's denn im Grunde nützte, welche verborgenen Mächte dahinterstanden, andere Frage -. Doch Kunst konnte auch als Vehikel benutzt werden, um in die Leeren zwischen die eigenen Gefühle hinabzusteigen. Geschah oft in schwierigen Situationen, Not, Kummer, wenn neu gedacht werden musste, die gelernten Wissen nicht mehr weiterhalfen. Und wahrscheinlich konnten diese Wege nicht von allen gegangen werden, allein von wenigen. Sie waren mit Mühen verbunden, setzten Sensibilität und eine gewisse

Kultivierung der Gefühle durch Denken voraus, doch für einige waren solche Wege gehbar.

Etwas das von einem völlig fremden Menschen aus den Leeren zwischen seinen Gefühlen geschaffen worden war, führte einen anderen - zeitlich, räumlich oft sehr weit versetzt - in die Ruhepunkte zwischen die eigenen Gefühle, ließ ihn eventuell dort neu kreativ werden. Brachte dieses Leben - welches das von dem Künstler aus gesehene *andere* war - auf neue Bahnen. Schon überraschend -. Die neuen Bahnen mussten nicht mit denen der vorgegebenen Kunst übereinstimmen, hatten sogar meistens nichts damit zu tun, das Kunstwerk vermittelte nur sinnliche Erfahrungen der Welt, die dann im Ich die Schutzsysteme für bis dahin gelernte Wissen unterliefen und in die Leeren zwischen die eigenen Gefühle hinabführten. Das Entscheidende war die Fähigkeit, sinnliche Erfahrungen der Welt zu ermöglichen. *Welt* konnte sich auch immer sinnlich direkt - jenseits von Wörtern, Wissen, Begriffen - vermitteln: wenn sie von der Person nicht verschüttet worden war, mit Lern-, Hirnprogrammen. Sie konnte mit Nase, Auge, dem Ohr, Tast-, Geschmacks-, Gleichgewichtssinnen aufgenommen werden, so ihr Zugang nicht durch Lernprogramme völlig versperrt war; und die Fähigkeit der Kunst, die zugeschütteten Wege neu zu öffnen - wieder sinnliche Erfahrung von Welt zu ermöglichen -, das war ihre Kraft die mit nichts anderem von Menschen Geschaffenen zu vergleichen war: nicht mit Wissenschaft, nicht mit Normensgebungen, anderen Regeln. Alle gelernten Wissen schnitten, je spezialisierter sie waren, desto mehr, von sinnlicher Erfahrung der Welt ab, nur Kunst konnte eventuell den Menschen zurückführen. Oder der Mensch schaffte es selbst, sinnliche Zugänge zur Welt auf anderen Wegen wiederzufinden, wie er sie einmal als Kind gehabt hatte. Alle kleinen Kinder besaßen diesen sinnlichen Zugang, jeder hatte ihn früher gehabt: der normale Weg des Lebens war nur, ihn nach und nach zu verlieren.

Ihn zu behalten, machte Arbeit, brachte Gefährdungen: denn ihn zu verlieren, bedeutete Lebenserleichterung -. Auf jeden Fall Erleichterungen der Lebensabläufe weil deren Steuerungen gespeicherte Wissensschablonen übernahmen, die bei Bedarf angewendet wurden. So einfach konnte Leben sein, wenn man's denn wusste ... und so schön und süffig.

Kunst jedoch konnte aus diesem Wissens-/ Gefühlswirrwarr eventuell herausführen - oder man hatte sich die frühen Erkenntniswege der Kindheit offengehalten, was der andere Weg war. Und damit vielleicht auch die Definition für *Kunst* gegeben: weil wirkliche Kunst stets die Fähigkeit hatte, im Rezipienten sinnliche Erfahrungen der Welt zu erzeugen. Das andere Kunstzeugs, das als Verschnitt daherkam, tummelte sich auf den vorgegebenen Wissens-/ Gefühlsebenen, weswegen es denn auch beliebt war.

Die Pseudokunst arbeitete an den ehernen Wissen, festigte Gefühlsstrukturen, und gab so den Erzeugern, Verwaltern Renommee, ließ sie obenauf schwimmen - während sich wirkliche Kunst um Zweifel bemühte. Das smarte Kunstzeug wusste alles, da es sich in vorgegebenen Wissen bewegte, Kunst dagegen wusste zuerst einmal nichts. Sie musste sich etwaige Wissen in langwierigen Prozessen erarbeiten, von unten heraus: aus der Leere zwischen den Gefühlen. Diese Erkenntniswege waren Denken, die Vorbedingung dafür die Fähigkeiten zur sinnlichen Erfahrung der Welt.

Hier trafen sie sich: die Künstler, kleinen Kinder. Die einen hatten den direkten Zugang zur Welt mit der Geburt bekommen, bis er schließlich durch die Entwicklungen des Lebens wieder verschüttet wurde - die anderen hatten ihn sich neu erarbeitet (vielleicht auch nur von Kindheit an offengehalten, parallel zu den gängigeren Wegen des Wissenlernens).

Dass zur Kunst - ihrem Arbeiten, ihren Zweifeln - auch tradiertes Wissen gehört, unzweifelhaft, doch die Wissensschablonen mussten beim Arbeiten willentlich verlassen werden können, um genügend Abstand zu erhalten. Denn die Kriterien für Richtig/ Falsch, Gut/ Schlecht, Wert/ Unwert steckten im Schaffenden selbst: er war gleichzeitig Täter und Beurteiler. Eine einsame Arbeit in den Leeren zwischen den Gefühlen ... und doch wieder nicht, da hier *eins* mit Welt: die *Welt* ohne Widerstand in den Körper ein-/ ausschwappt. Die Kraft fürs Offenhalten kam wahrscheinlich aus dieser Fähigkeit zur sinnlichen Erfahrung der Welt - wie auch das Kind bei seinen ersten Schritten in die Welt die Kraft dazu aus dem direkten Zugang holt. Etwaige Macht bekam es erst später mit dem Lernen der Unmengen von Wissen, lebenserleichternder Wissensverwaltung, doch die *Kraft*, den mühseligen Weg des Lebens zu gehen, bekam das Kind aus seinem sinnlich-direkten Zugang zur Welt. Wie auch das Tier die Kraft für sein Leben aus dem sinnlichen Zugang gewann ... oder der Künstler auf seinem Weg zum Kunstwerk. Und das Gehen solcher Wege hatte mit Denken zu tun: auch beim Tier -.

Auch bei Tier, Kind! Kinder und Tiere denken -: die Verarbeitung der äußeren Reizsignale der Welt, das Schlüsseziehen daraus fürs eigene Tun, sind primäres Denken, da sie allein im Ich ablaufen, Lösungen von anderen nicht vorgegeben werden. Die Lösungswege von außenstehenden Anderen zu übernehmen, wurde für das Kind erst später möglich, war an das Erlernen äußerer Techniken gebunden: an die Sprache und das Wissen von Wörtern, damit an die Abstrahierungsfähigkeiten. Die ersten Wege über das ursprüngliche Denken wurden nach und nach durch Wissensversatzstücke ergänzt oder sogar ersetzt, weil sie Erleichterungen des Lebens waren. Zu wissen ging *schneller* als zu denken, denken umständlich schwierig. Wissen war Erleichterung für Denken: deshalb der normale Weg des Lebens, Denken durch Wissen zu ersetzen! - Das Handhaben der Wissensschablonen konnte schnell gehen - unendlich viele rasend schnell hintereinander weg -, doch es war kein Denken mehr, nur noch Wissensjonglieren. Tiere aber behielten die Fähigkeiten zu denken bei! Sie konnten dressiert werden, sich für bestimmte Zwecke über gelernte Wissen/ Gefühle zu steuern ... gerieten sie aber *alleine* in neue Konfrontationen mit Welt, mussten sie diese zuerst selbst verarbeiten: über angeborene Reflexe, jedoch auch durch Denken. Zwei oder mehrere Erscheinungen in Zusammenhänge zu bringen, waren erste Formen von Denken! Tiere und Kinder und Künstler behielten solche Fähigkeiten bis zu ihrem Ende bei ... der Mensch allgemein jedoch nicht durch Denken definiert, sondern durch Wissen!

Hieß ja auch Wissenschaft, nicht Denkschaft. Interessant -. Aber weshalb ... warum zu wissen erfolgreicher als zu denken, wenigstens vordergründig? - Wissen konnte gelernt werden, Denken nicht. Wissensstücke waren feste Größen, die von anderen übernommen werden konnten, ohne sie oder sich selbst den Mühen des Denkens zu unterziehen, das zu diesen bestimmten Wissensschablonen geführt hatte. Noch genauer: es konnte *gelehrt* werden! Die Machtfrage. Zu lernende Wissen konnten anderen - besonders in der Kindheit - einfach vorgesetzt werden: so, jetzt lernt mal schön! ... und die folgenden Richtig!/ Falsch! übten die Wissen und die dazugehörenden Gefühle ein -.

Die spezifizierten Gefühle entstanden zwangsläufig: mit den einherkommenden Ausgrenzungen aus den Gruppen - oder sogar Gemeinden - der *Richtig*wissenden ... oder, in andere Richtung, durch die huldvolle Aufnahme in sie. *Richtig!richtig!*, dazu noch Lob, Schmeicheleien, die bewundernden oder auch missgünstigen Reaktionen der Gleichaltrigen. *Falsch!/falsch!* dagegen ließ den Körper krampfen, weil es aus den Reihen der Wissensvorturner ausschloss und so natürlich aversive Gefühle machte. *Falsch!* bedeutete schließlich regelrechten Horror, *Richtigrichtig!* süffigen Genuss. Im Laufe der Zeit waren Richtig!/ Falsch! so drin, dass die vom einzelnen übernommenen Wissen gar nicht mehr auf ihre Richtigkeit, Falschheit überprüft werden mussten: - das Gefühl reichte.

Konnte stimmen ... so im Gefühl -.

Gefühl reichte! Jedoch Unterschied bei den Gefühlsaufteilungen in den verschiedenen Schichten ... bei oben, unten. Bourgeoise arbeiteten häufiger mit Lob, erklärten auch mehr die Zusammenhänge, größere Abstraktionsfähigkeit, schon wegen des größeren Wortreichtums, dazu eloquenter. Meistens Berufe mit Mundarbeit, analytisch-abstrakten Beurteilungsrastern. Dazu die anderen Schulsysteme, die auf die Bedürfnisse, Fähigkeiten dieser Schicht ausgerichtet waren. Da biss sich die Katze in den Schwanz -. Bourgeoise Kinder erfuhren zu Hause, in ihren Schulen mehr Lob, Bestätigung und übten so überwiegend *Richtig!richtig!* ein ... wurden in der Folge häufiger von positiv-adversiven Gefühlen geführt. Wenigstens in der äußeren Lebensgestaltung, in ihrem Tun: sie hangelten sich an positiven Gefühlssteuerungen nach vornoben durch. - Anders dagegen Kinder aus den unteren Schichten. Wenig verständige Elternhäuser, die intellektuell kaum Durchblick auf Welt hatten, dazu materiell knapp bemessen: Armut, weitere Brutalitäten. Parallel dazu die Schulsysteme mit ihrem, völlig auf bourgeoise Schichten ausgerichteten, abstrakt analytischen Zeugs ... spezielle konkrete, sinnliche Fähigkeiten wurden nicht erkannt oder sogar unterdrückt. Die bestehenden Schulen waren für diese Kinder das unendliche Lernen des *Falsch!falsch!*, mit in der Folge von Wusten aversiven Gefühls. Versagensängste, oft wüste Minderwertigkeitsgefühle, Schuldkomplexe: verarmen der Person in ihren ursprünglich breit angelegten Fähigkeiten. Sich dann verschließen und zurückziehen auf einfache Tätigkeiten, wo sie erfolgreich waren. Nur noch ausführende Organe: festumrissene Bereiche, allein das machen, was aufgetragen oder sogar von den anderen erwartet wird. Die fremden Erwartungen oft noch selbst interpretiert in vorauseilender Phantasie: nur kein *Nein!nein!/ Falsch!falsch!* - aversive Gefühlswelt als Drohung überm eigenen Wissen, Tun, eingefressen in die Fasern des Körpers, Hirns. Ihr Leben wurde auf Vermeidung dieser Gefühle ausgerichtet: ebenfalls ein Entlanghangeln an positiven Spitzen, Ausrichtungen - aber aus Furcht vor den negativen!

In den bourgeoisen Schichten natürlich auch Angst vor Versagen und den entsprechenden Gefühlen, jedoch diffuser und nicht in diesem Übermaß - Ängste statt Furcht -, dafür waren in den frühen Jahren die positiven Verstärkungen zu stark gewesen. Versteckt Aversives: in Tics, viel Zwanghaftem, in Schuldkomplexen gegenüber Eltern, Familienangehörigen, anderen Obrigkeiten: gegenüber ihren ehemaligen Steuerern des *Richtig!richtig!*. Hauptsächlich bewegten sich ihre Leben jedoch an Kultivierungen adversiv-positiven Gefühls entlang ... äußere

Technik des Horchens nach innen, ewiges Wissen des Richtigen. Auch wenn es falsch war -.

Bourgeoisie erklärte sich durch die *Kultur* adversiv-positiven Gefühls: als ihre Technik von Innenschau! Die stete Übernahme des Wissens des Richtigen *von anderen*, wodurch Erleichterung des Lebens, Beschleunigung von Entscheidungen, Machtzuwächse. Vielleicht sogar Herrschaft über die Welt, jedoch auch gleichzeitiges Sichverschließen gegen Welt. Durch das Fehlen der Überprüfung des Tuns an *Welt* geschahen oft gravierende Fehler, die wuchern konnten, schnell größer wurden, denn das Wissen des Richtigen machte süffige Gefühle: und um sie nicht zu gefährden, kreisende Gedanken, wildes Hantieren mit Wissensbrocken, die das Gefühls weiter verstärkten -. Bewegungen des Irrationalen: das Ausgehen von Gefühlen die durch Auftürmen von Wissensbrimborium stetig stärker wurden ... das Primäre in diesen Fällen die Gefühle, die im nachhinein, in ihrer Richtigkeit - oder sogar ihrem Genuss -, durch unendliche Wissensoperationen bewiesen wurden. Freies Fliegen - Abheben von der Erde, anderem konkret Gesicherten, und immer mit dem besten Gefühl. Noch bis nach der harten Landung -.

Dies die speziellen Gefährdungen bourgeoiser Schichten, anders die verheerenden Irrtümer in Politik, Wirtschaft, Finanzwesen, Kunst, persönlicher Existenz, Schuldenmachen nicht zu erklären. Durch ihre gelernten Techniken des Horchens nach innen bekamen ihre Leben größere Durchsetzungsfähigkeit, Machtentfaltung ... die sich jedoch auch leicht - manchmal nahtlos - gegen das eigene System wenden konnten und dann Katastrophen gebaren. Ihre missionarischen Selbstfeierungen, Wirtschaftsorgien, eifernden Kriege, der Nationalsozialismus als bourgeoise Revolution; ihr Antisemitismus, Wandervogeltum mit seiner Fortschrittsfeindlichkeit: das dann in nahtloser Begeisterung in die großen Technikkriege überging; die Juristen, Lehrer, Ärzte, die singend stramm marschieren, lachend Bücher verbrennen, Pastore welche in SA-Stiefeln, brauner Uniform von Kanzeln predigen. Nach dem Krieg tobender Antisozialismus, in Fortführung jetzt ihre tobenden Lean-productions, Lean-administrations, Lean-anderen: stets was mit *Stark*-wissen und den besten Gefühlen.

Die Kleinen Leute waren weniger anfällig für solche Gefühls-exzesse, standen noch mehr in Verbindung mit Erde, Welt - waren den Folgen solcher gesellschaftlichen Bewegungen auch stärker ausgeliefert: sie mussten immer alles auslöffeln! Ihre Lebenserfahrungen hatten sie vorsichtig gemacht. - Die Kleinen Leute überprüften, was auf sie zukam, standen näher an den sinnlichen Erfahrungen der Welt, die sie sich durch ihr Existieren an den unteren Rändern der Gesellschaft - in materiellen Beschränktheiten, oft Armut, Not - erhalten hatten. Die Fähigkeiten zu sinnlichen Erfahrungen waren bei Arbeitern, Bauern, Handwerkern nicht verschüttet, ständige Pflege dieser Erkenntnisfähigkeit. Sie hatten noch natürliche Widerstandskräfte gegen übersteigertes Wissensbrimborium, das selbstverständlich auch über sie ausgeschüttet wurde. Sie konnten es abperlen lassen, wie die Ente das Wasser.

Die Bourgeoisen hatten diese Fähigkeit des Sichschützens weitgehend verloren, weil sie in ihren abgeschotteten Lernräumen unendlichen Gehirnwäschen ausgesetzt wurden: mit dem was *Richtig!richtig!*, *Falsch!falsch!* ist. Zur Strategie ihrer Erziehung gehörte, ihnen die Lernräume gezielt zu verengen, damit sie nicht ausweichen konnten. Drumrum hohe Wände, Gitter, oft lecker vergoldet ... doch sie legten die Bewegungsrichtungen fest, nichts wurde dem Zufall überlassen! Daraus wiederum entstand der nicht zu übersehene Hunger dieser Jungen nach Freiheit, Weite, Grenzenlosigkeit: die engen Mauern ließen aufbrechen, ausbrechen - wenigstens in die Phantasie. Alles wurde jedoch von vorgeebneten Bahnen wieder eingefangen ... Ausbruchsversuche mündeten stets nur in Freizeitkleidung, schnellen Autos, Drachenfliegen, Sex -. Ihre Fluchtbewegungen wurden von Statuswissen, Statusgefühlen schnell wieder unschädlich gemacht: über Werbebrandzeichen, Abenteuerurlaub, Statusjagden, Statusbooten, Statushäusern, Statustherapien. Für Bourgeoise gab es kaum Entrinnen ... wenn nichts mehr half, wurden sie in heilige Kriege geschickt oder andere Bewährungsproben, selbst die Freiheitsfluchten in Drogen landeten in vorausschauend geplanten Heilanstalten -. Wer diese Schulen der *Wissen*, süffigen Gefühlsverfeinerungen durchlaufen, hatte keine Chancen mehr: hervorragendes Material - für die wenigen ganz oben.

Die Kleinen Leute waren weitaus schwieriger zu beherrschen - stellten sich trotz aller Volks-, Weiterbildung einfach dumm, taten nur das, was ihnen genau aufgetragen wurde. Sie machten sich schwer, wie Kinder die abends nicht ins Bett gebracht werden wollen ... setzten ihre Existenz als ein einziges großes Widerstandsmoment ein. Und manchmal machten sie sogar Revolution -: schmissen alles weg. Alles *Bewährte* einfach weg - aus Sicht der anderen.

Ihre Leben lang nur ausgenutzt, wenig gemocht, fortgeworfen ... notfalls sie sich deshalb sogar selbst: einfach weg. Bourgeoise berechenbar - liebten nichts so sehr wie sich selber -, doch Kleine Leute gefährlich, konnten richtig gewöhnlich werden. Keine Gefühlskultur! Die wurden zu stark von aversiven Gefühlen bedrängt, immer wieder, ihr ganzes Leben lang: die waren an negativen Gefühlen ausgerichtet

worden, und wenn's ihnen unerträglich wurde, konnten sie glatt explodieren. Wie auch diese Typen zwischen den Gefühlen ... deren Reaktionen gar nicht vorhersehbar. Die welche zwischen den Gefühlen existierten, konnten völlig ohne Grund hochgehen: ohne jede Vorwarnung,
selbst wenn man ihnen alles aufs Beste bereitet hatte! Die fingen
plötzlich an zu denken, kannten dann überhaupt keine Regeln mehr ...
nicht oben, nicht unten. Die besahen sich andere Menschen wie Steine, Stücke Holz, Lurche in Glaskäfigen: völlig gefühllos - fürchter-
lich. Zum Glück gab es aber immer nur sehr wenige davon.

Die Kleinen Leute waren wegen ihrer Mengen wirklich gefährlich,
bei denen bedurfte es aller Aufmerksamkeit, sie im Gleichgewicht zu
halten. Ihre aversiven Gefühle mussten groß genug sein, um sie auszurichten ... aber wiederum nicht so groß, dass es zu unkontrollierten
Kollabierungen kam. Dieses Kontrollieren ging selbstverständlich
nicht ohne die Hilfen derer mit der nötigen *Kultur*: die der Juristen,
Lehrer, Kaufleute, Sozialarbeiter, Kindergärtner, Journalisten, Ärzte,
Militärs, Bankiers. Die mit den großen Wissen, *richtigen* Gefühlen
mussten hilfreich zur Seite stehen ... natürlich nicht für umsonst, ein
bisschen brauchten sie schon, um sich nach unten wohltuend abheben
zu können: *48,8 zu 2,4!* Die untere Hälfte der Bevölkerung bekam
zwei-Komma-vier Prozent des Nationalvermögens - alles eingerechnet,
Möbel, Autos, Teppiche, alles, ohne Schulden -, die andere Hälfte sie-
bennenneunzig-Komma-sechs. Von diesen 97,6% gingen wieder achtundvierzig-Komma-acht an das oberste Zehntel der Haushalte, an die rest-
lichen vier Zehntel dann noch mal achtundvierzig-Komma-acht Prozent. Kurz als Faustformel, die sich gut merken ließ: zehn Prozent der
Leute besaßen die eine Hälfte der Vermögen, die folgenden vierzig Prozent die andere ... und das halbe Volk, die untere Hälfte aus Kleinen
Leuten hatte praktisch nichts. Erhebung 93/ Handelsblatt, Microzen-
sus. Und das Schönste: die mit dem Nationalvermögen unterm Nagel
machten zusammen immer die Hälfte aus, fünfzig Prozent! Bei Wahlen
konnten die nie überstimmt werden -.

Doch die Vierzig/fünfzigprozentigen, die mit den *adversiven* Gefühlen, großen Wissen, mussten für die Teilhabe am Vermögen natürlich
was tun ... die Hälfte von allem war nicht für umsonst: dafür mussten
sie arbeiten, arbeiten - um die Kleinen Leute in Schach zu halten.
Klappte auch meistens, weil sie mit ihren verfeinerten Techniken die
negativen Gefühle unten im Volk ständig am Köcheln halten konnten.
Das fing schon im Kindergarten an ... über die Schulen, Kirchen, das
Militär, bis hin zu den Arbeitsplätzen. Am wichtigsten waren in den
prägenden jungen Jahren die Schulen, Kirchen, Militärs, danach kamen

die Fernsehspiele, Bunte-Blatt-Gazetten, Nachrichtenauslesen. Junge!, Mädchen!: so schön kann Leben sein, denk positiv! ... was natürlich deren aversiven Gefühlswirrwarr nur noch verstärkte.

Wirklich perfekt. Die mit der negativen konnten die mit der adversiv-positiven Gefühlskultur nie erreichen ... und jene wiederum nie die mit der posi-posi-positiven, also die wirklich oben. An welcher Stelle in den Gefühlshaushalten die ganz oben angesiedelt waren, schwer zu entscheiden, wahrscheinlich im quadratisch-positiven Bereich der höchsten Zipfel, wo's schon zum Schweben ansetzt, die Ichs mit Welt verwechselt werden -. Jedoch waren die nicht im leeren Raum *zwischen* den Gefühlen angesiedelt, wo die Grenzen aufgehoben sind, Welt ein-, ausschwappt, und schon gar nicht im aversiven Bereich.

Soviel die Bourgeoisen auch arbeiteten, bis ganz oben konnten sie nie kommen, dazu waren die Beutestücke zu ungleich verteilt und die oben mit der zweiten Hälfte der Vermögen zu wenige. Viel zu mächtig: pro Kopf! Die Vierzig/fünfzigprozentigen konnten stets nur winzige Strecken aufsteigen ... und natürlich absteigen, manchmal stürzen: was wiederum ihnen aversive Gefühle machte. Ab und zu, vor allem in ihren vorwegnehmenden Phantasien. - Die ganz oben ließen natürlich auch stürzen, schon um die Hilfskräfte nicht zu sicher werden zu lassen: was deren Arbeitslust ungemein anspornte. Sogar die mit der aversiven Gefühlswelt konnten ab und zu aufsteigen, selbstverständlich nur vereinzelt, als Fußballspieler, Schrotthändler, Tennisspieler, Lottogewinnler, Opernsänger: was sehr wichtig war. Die Bewegungen über die Medianlinie der Bevölkerung - nach drunter, drüber - mussten stets offengehalten werden, um weiterhin glauben lassen zu können, dass jeder seines eigenen Glückes Schmied sei. Vor allem musste im Hintergrund der Gefühlswelten verankert sein, dass es ab und zu unverständliche Glücksfälle geben konnte ... für einen Fußballer, Lottospieler, Dressman, für eine Liebeskünstlerin. Das *Wissen* von der offenen Gesellschaft war äußerst wichtig, denn schließlich wir alle ja Demokraten: - Offen sein füreinander! ... Achtung für Andersdenkende! ... Bereitschaft zur Versöhnung mitten im Streit!

Wirklich perfekt -. Rational gar nicht zu fassen, dass so etwas schon so lange funktionierte, nach allen Gesetzen der Vernunft, des Verstandes konnte es nicht auf Dauer. Doch es ging nicht um Verstand, sondern um Gefühle.

Oder doch um Verstand -? Der Versuch, Gefühlswelten in anderen gezielt zu beeinflussen ... wodurch kaum veränderbare Machtstrukturen entstanden.

In dem einzelnen Menschen konnte mit viel Aufwand die gewachsene Gefühlswelt vielleicht noch in Maßen verändert werden - etwa über Psychotherapien -, jedoch nicht in der Summe der Menschen: deshalb waren die Machtstrukturen einer Gesellschaft über Generationen fast stets gleich. Allein wirkliche politische Revolutionen konnten an diesen Ordnungssystemen etwas ändern ... und dann auch erst nach Jahrzehnten -. Sogar die Französische Revolution hatte sich selbst aufgehoben, war schon nach kurzer Zeit wieder gelöscht worden: obwohl sie so radikal wie kaum eine andere dahergekommen war. Und vorweg auch mit dem nötigen intellektuellen Rüstzeug ... die Texte, Gedanken von damals verblüffen noch heute, nach zweihundert Jahren. Doch inzwischen sind Liberté, Égalité, Fraternité bourgeoise Sprüche geworden, welche die alten Führungsschichten einbläuen ließen, um damit die Kleinen Leute ruhigzuhalten, und selbst die Bolschewistische Revolution nach über siebzig Jahren Macht wieder dabei, sich in Großgrundbesitz, Popenweihrauch, alten Finanzglanz aufzulösen. Gar nicht zu verstehen ... mit den Köpfen der Kleinen Leute gedacht! Wenn's denn um Denken ginge -. Doch solche Entwicklungen hatten nichts mit Vernunft, Verstand zu tun, sondern mit Gefühlskulturen, die natürlich auch die sozialistischen Linken zum Herrschen benutzt hatten - genauer: ihre bourgeoisen Helfershelfer.

Diese mit ihren adversiv-positiv gestimmten Gefühlen hielten die unteren Massen mit den stark aversiv geprägten Gefühlsschichten in Schach und versuchten dabei gleichzeitig, sich von denen selbst abzusetzen, was wiederum, wenn es gelang - wie meistens -, im eigenen Ich das positiv Gestimmte noch verstärkte. Jedoch beide Gruppen waren Gefangener ihrer selbst, bewegten sich ständig in sich selbst bestätigenden Regelkreisen! Nur die ganz oben hielten sich aus diesen Gesellschaftsspielen heraus, brauchten keine Über-, Unterordnungen mehr, wenigstens nicht als ständige Beweise für sich selbst, da die Sache ein für allemal erledigt war. Sie schwebten außerhalb des Systems: ließen *andere* über-, unterordnen. In ihren Gefühlen waren sie wahrscheinlich jedoch noch stärker und durchgehender adversiv gestimmt als die bourgeoisen, da die Sache für sie zweifellos exzellent funktionierte, gar nichts daran fragwürdig war. Allein in den kreatürlichen Verläufen des Lebens gab es ab und zu noch Aversives - Altern, Krankheiten, Tod -, doch daran nichts zu ändern und mit Denk-positiv auch gut im Griff zu halten. Gläubig sein ohne Schwanken: starke Wissen von sich ... Gott ... freiem Fliegen nach obenvorn. Und die unten waren auch immer bereit, erhebende Worte zu machen, die warm werden ließen ... in den eigenen Kapellen, Hausaltären, Wissenschaftskolloquien, Fernsehsendern. Welcher Professor, Bischof, Literat wäre nicht gerne bereit, dort starke Worte zu sprechen, die während des Sprechens auch ihn selbst erhoben.

Sich selbst steuernde Regelkreise ... je positiver die Gefühlseinstimmungen, desto bestätigender das Denkensagen -. Und je gelungener solche Untermauerungen der großen Wissen geschahen, desto adversiver wurde der tragende Gefühlsunterbau: ständige Beweise eigener Größe - wenn die meistens auch klein war. Ewiges Setzen in Bezugsverhältnisse, größer/ kleiner als, erzeugen von Beweiswissen. Die alten, bewährten Denkgesetze dazu noch sehr brauchbar: richtig/ falsch, mehr/ weniger, Wahrheit, A nicht B - wo ich bin, kann kein anderer sein. Diese ehernen Wissensgesetze gaben weiteres adversives Feuer, zusätzliche Sicherheiten ... fürs positiv Gefühlte.

Schon interessant -. Allein die es schafften, sich zwischen den Gefühlen aufzuhalten, konnten diesen Steuerungssystemen entkommen, vielleicht nur für kurze Zeit, aber immerhin. Doch die meisten hielten es dort nicht aus, hatten nicht das Alleinsein gelernt, in ihren Lebensvollzügen anderes eingeübt, weil Gefühle auch immer mit anderen Menschen verbanden: Gefühle gehörten zum gelernten Wissen von Welt und damit ebenso zu den Wissensvorstellungen über andere Menschen - Frauen, Männern, wie sie sind, leben, arbeiten, wie die Gesellschaft ist. Sie schufen Zugehörigkeit, Bestätigungen des eigenen Ichs, durch die anderen. Wo nicht Gefühle sind, dort ist notwendig Alleinsein: und damit für die meisten Einsamkeit, da alle gelernten Bestätigungssysteme des Lebens fehlen. Unerträgliche Einsamkeit für die welche die Arbeit des Alleinseins nie hatten schaffen können, die stets nur durch andere gelernt hatten - und dafür dann ihre Wissen ständig über andere weiterlernen mussten. Wer nicht wächst, stirbt!: ehernes Gesetz der Marktwirtschaft, Welt in ständiger Bewegung.

Bewegung schon ... vielleicht aber nur in ständiger Wiederkehr des Gleichen -. Sicher sogar. Die Bewegungen der Ichs - essen, trinken, pissen, wachen, schlafen, altern - wurden allein als Weltbewegungen *interpretiert*, Bewegung gab mehr her, fürs gute Gefühl. Sie war befriedigender: größer, schwerer, reicher, higher, helauer, fortschrittlicher! Als Idee süffiger ... ließ besser über die Runden kommen, besser die Veränderungen feststellen: als Abstände zu vorher Bestehendem. Auch im eigenen Ich: immer mehr, zum Beispiel lernen. Mehr ist besser ... schließlich der/ die/ das Beste, Größte! Nie Stillstand, Bewegung ist gut, wer rastet, der rostet, und selbst noch beim Tod in ungeahnte Höhen: auf zum ewigen Leben! Schaffen, schaffen, arbeiten, rennen!: wer sitzt, ist verdächtig. Denken, analysieren ... mein Gott, was könnte man in dieser Zeit des Sitzens nicht schon alles erledigt haben -. Zumindest ferngesehn haben.

Das Aufhalten zwischen den Gefühlen war immer verdächtig, schon beim kleinen Kind. Wohl Angst auslösend. Manchmal wurde es zwar auch bewundert, in Denkmälern aus Bronze, Stein, vor Universitäten, anderem: der Denker, überlebensgroß, mit aufgestütztem Kopf ... doch gleichzeitig aversive Gefühle auslösend, wenn man sich solchen Möglichkeiten wirklich bewusst näherte. Und ganz besonders, so man direkt draufgestoßen wird, etwa durchs eigene Kind: - komm, häng da nicht rum, tu was, beschäftige dich!, hol mir mal schnell Kartoffeln aus dem Keller!

Kleine Kinder große Denker, die wussten noch, was wichtig war -: alles genau ansehen, lange drüber nachdenken. Sinnliche Erfahrung der Welt plus nachfolgende Analysen, erst daraus ergeben sich eigene Wissen mit eigenen Leben. Wurde ihnen jedoch schnell ausgetrieben -. Ihr Denken machte den Erwachsenen Angst. Aber Junge, Mädchen ... brauchst du doch nicht drübernachzudenken, das ist so, und das andere dort eben ganz anders! - Fass mal über den Kopf an dein gegenüberliegendes Ohr ... siehst du, du kannst es, jetzt bist du schulreif, groß genug!: brauchst nicht mehr zu denken, nur noch zu lernen. Jetzt wirst du ein nützliches Mitglied der Gesellschaft. Freust du dich schon drauf?

Ein nützlicher Trottel -. Schulen: Orte der systematischen Zerstörung des Denkens und des Ersetzens durch *fremde* Wissen. Kleinkinder waren unbeherrschbar. Erst wenn sie durch andere genug Wissen gelernt hatten und es als richtig ansahen, wurden sie leitbar - für die Gesellschaft.

Kindheit, Jugend: Zeiten systematischer Zerstörung eigenen Denkens durch Elternhaus, Schule, Kirche, Militär, Beruf, parallel dazu ständig noch weiter über Medien, andere gesellschaftliche Felder. Die welche es schafften, diese Zerstörungen zu unterlaufen, sich Orte eigenen Denkens offenzuhalten, hatten Schwerstarbeit zu leisten: trickreiches Versteckspiel, Kampf, Partisanendasein - unter Aufbietung aller Denkfähigkeit. - Um die eigenen Denkfähigkeiten zu bewahren, war ständiges Weiterdenken nötig: von der Kleinkindzeit an, ohne Unterbrechung. Wer sich im Kindergarten, in den Universitäten auf andere Gleise locken ließ, machte süffige Karrieren ... als lebendiger Toter: aus dem kann noch was werden. Ein Leben lang dann *werden* statt sein/ *haben* statt sein. Müllexistenzen, die Entsorgung von vornherein mit eingeplant -.

Dem Müll war nur zwischen den Gefühlen zu entkommen. Bei Drosseln, anderem, über Drosseln, anderes: hin zur sinnlichen Erfahrung der Welt, zum Ruhigstellen des Körpers, völligem Offensein.

Erst von dort konnten Wissensinflationierungen sortiert, auf Richtigkeit, Wert, Brauchbarkeit überprüft werden. Die Vernunft, die den Verstand aus seinen Fixierungen löst ... so ähnlich, Hegel. *Vernunft* hatte stets mit sinnlicher Erfahrung zu tun, die Qualität des Sinnlichen machte die Qualität des anderen: der Vernunft. Und sie löste den Verstand aus den Festgeranntheiten seiner Wissen.

Vielleicht ... konnte sein -.

Alleiniger Verstand - die Wissensanhäufungen mit ihren Verfahrensregeln der Handhabung, die auch Wissen waren, Wissen hoch zwei - ergab Fachidiotentum: brauchbar, beliebt weil manipulierbar, doch Idiotentum, das schnell in Katastrophen umschlagen konnte. Wahrscheinlich. Wirkliche Rationalität war ständiges Gehen in Doppelschritten: ein Bein in die sinnliche Erfahrung der Welt, das zweite in die überlieferten, durch andere gelernten Wissensansammlungen. Anstatt Beine besser Gehirn: die eine Hälfte im Sinnlichen, die andere im Strömen abstrahierter Wissenscodes ... und Denken nur aus der Positionierung *zwischen* den Gefühlen, noch jenseits des Sinnlichen -. Die sinnliche Erfahrung der Welt war unabdingbar zur Entdeckung der Fehler in den von anderen übernommenen Wissen, trotzdem sie noch Vorstufe: Vehikel zum Erreichen des Eigentlichen, der Positionierung *zwischen* den Gefühlen. Der Weg auf Wahrheit zu führte stets vom normal gelernten Wissen ... übers sinnlich selbst gelernte ... hin zum Denken.

Das Wissen aus der sinnlichen Erfahrung der Welt war nicht möglich, ohne zu denken, da es die eigene Leistung eines Individuums war, die Wissen aus der Weitergabe von Mensch zu Mensch schon ohne Denken möglich. Die Sinnliche Erfahrung der Welt deshalb gleichzeitig Trainingsfeld für Denken: zuerst einmal in der Frühzeit der Menschengruppe, vielleicht auch in der des Einzelnen ... wer Denken nicht aufbringt, überlebt nicht lange. Denken war in der Frühzeit überlebenswichtig gewesen! Nach und nach wurde es jedoch durch gesellschaftliche Riten, Einführungen äußerer Techniken zur erleichterten Wissensweitergabe (Erziehung) entbehrlich: die gelernten Wissen reichten. - Die Beherrschung kleiner Sektoren aus dem gesellschaftlichen Gesamtwissen war genug: Wissensspezialistentum, einer ergänzt den anderen, Arbeitserleichterung, Zunahme von Schnelligkeit und damit Macht der gesellschaftlichen Gruppen, Staaten, solange die Querverbindungen zwischen den Individuen und den Netzwerken intakt waren. Laufend wurden dann die Wissenszellen kleiner, die Umsatzgeschwindigkeiten größer gemacht, was erst die richtige Macht, den nötigen Profit ergaben ... warum denken, wenn zu wissen reichte -?

Die Wissensinhalte wurden immer winziger, dafür perfekter, bis in letzte Feinheiten: mit ständig *besserem Gefühl.* Wer weiß auf Erden schon so tief von so vielem - so wenig.

Nur noch Starkfühler ... wehe aber, da sagt einer: stimmt nicht!, und das ganze adversiv-positiv Gefühlte kippt mit gleicher Vehemenz um ins Aversive -. Völlig manipulierbar. Irgendeiner muss nur Fehler nachweisen, und sofort setzen Rechfertigungsorgien, Selbstzerfleischungsriten, Wettstreite mit sich selbst, anderen ein. Eigentlich noch Kindergartenkinder: über winzigen Tadel/ Lob die perfekte Feinsteuerung, bis überallhin, deshalb so brauchbar und beliebt. Wilde bunte Welt ... zum Beispiel der Nationalsozialismus, *die* bourgeoise Revolution des Jahrhunderts: die der adversiv-positiven Starkfühler! Wer mit den richtigen Wissensgefühlen dressiert worden ist, führt auch optimal Feldzüge, Fabriken, KZs, Gasöfen.

Gefühl des Richtigen. Nicht mehr denken Richtig!/ Falsch!: wird ersetzt durch gelerntes Wissen, verkürzt noch aufs Fühlen. Vielleicht war es immer so - das erst ergab Gesellschaft! -, doch heute geschah die Steuerung mehr über adversiv-positive Gefühle, früher sehr viel über negative, und es herrschte nun perfektere Abschottung gegen die nichtmenschlichen Welten, wo das Denken gelernt wird.

Durch das Fehlen der gesellschaftlichen Kunstwelten - dem Fehlen durchorganisierter Stadtlandschaften, mit ihrem Verkehr, Maschinenleben - geschah früher mehr Denken, weil die Menschen auf sich selbst geworfen waren. Fast stets standen sie in der *sinnlichen Erfahrung* mit der (nichtmenschlichen) Welt: selbständiger, entscheidungsfreudiger, freier, und waren damit gleichzeitig schwerer durch andere zu steuern. Deshalb wurden sie durch die herrschenden Schichten auch mehr mit negativ-aversiven Gefühlen bedrängt - über die *Wissen* von Hölle, Teufel, bestialischer Folter, Hunger, Armut -, was stets gut funktioniert hatte, aber als Führungstechnik schwieriger war. Jetzt waren die gesellschaftlichen Lernfelder perfektionierter: es waren dichte Mauern gegen die sinnlichen Erfahrungen der Welt gebaut worden - und damit gegen das Denken! Nur scheinbar war alles milder, positiver geworden, doch es gab kein Entrinnen mehr. Aus dem süffig Adversiven zu entkommen war kaum noch möglich, und die außenstehenden Leuchttürme etwaigen Denkens waren gleich mit zugemauert worden. Keine Orientierungsfeuer mehr ... nur noch Wissenskarusselle, häufig mit Achterbahnen, Todesspiralen: damit die Leute auch begeistert kreischen. Panem et circenses. *Gut drauf sein* lassen, sehr sehr wichtig, nie die Leute beunruhigen!: perlende Wissenscocktails, Rate-Quizs, Knowhow-Shows. Denken zu langweilig ... Multiple choice reicht völlig.

Schöne bunte Welt -. Und doch weiter die Sehnsucht nach Denken, zumindest nach den Ruhepunkten zwischen den Gefühlen. Anders das Streben nach Urlaub, Natur, Drachenfliegen, Segeln, Drogen, Suff nicht zu erklären: als *Ideen*. - Gefühle stets stressig, egal ob positiv, a-versiv: Körpersymptome, Hormonausschüttungen. Die Wissen hin und her zu schieben, bedeutet deshalb, Stress ausgeliefert zu sein. War nicht lange durchzuhalten, jeder spürte in sich, dass da vieles - vielleicht alles - schieflief ... raus, nur raus! Doch kaum mehr Möglichkeiten zum Entkommen: das Denken verloren, die sinnliche Erfahrung der Welt verschüttet, überall Mauern, Kunstwelt hinter Kunstwelt, ein Wissenskarussel dreht das andere. Die Techniken des Denkens sind verloren gegangen - dann wenigstens künstlich neue Reize setzen: Atemtechnik ... Yoga ... Bioenergetics ... Marathon ... Triathlon ... Fasten... mexikanisches Bier ... Designerdrogen ... Überlebenstraining ... Schwarzpulverschießen ... Meisterkochfressen... Fallschirmspringen ... Vergewaltigen ... Hinrichten - alles was irgendwie noch Kicks gibt. Und hinter allem stand die schlimme Sehnsucht, ganz ruhig zu werden - zu erkennen: nicht nur allein zu wissen. Abzusinken in das Zentrum zwischen die Gefühle, in den Ruhepunkt des Ichs, wo Welt ein-, ausschwappt. Irgendwann einmal gekonnt und gekannt, als Kind, oder nur vom Hörensagen, als Projektion noch stets an der Wand: groß wie Gott ... groß wie Nichts ... lebendige Leere - nicht immer nur dieser volle Tod.

Einige wenige hatten sich diese Zugänge bewahrt: lebendige Leere... denken ... sinnliche Erfahrungen der Welt ... dann noch das andere obendrauf. Sie bewegten sich in allen Ebenen: denkend. Nicht dazugehörend, nicht wie normale, denn ohne Gefühl: doch vielleicht wie Menschen sein könnten. Der Mensch als Idee -. Er ist es natürlich nicht ... aber so wie er hätte sein können, wenn alles gut gelaufen wäre, er sich wirklich Mühe gegeben.

Der Mensch das denkende Wesen - Quatsch! Hunde sind denkend, Regenwürmer, Kleinkinder, aber nicht der erwachsene Mensch. Der Mensch das *wissende Wesen*, Wissen verwaltende: der mit Lernen von Wissen sein Denken ersetzt hat. Zu wissen geht leichter als zu denken und viel schneller. Der Mensch als Starkfühler, Wegflieger - vor sich selbst oder allem: komm, lass uns einen trinken! ... oder beten! ... oder lass uns einkaufen gehn!

Der Mensch, wie er sein könnte, wenn er sich als Hund weiterentwickelt hätte, oder wie er als winziges Kind angelegt war: *nichts wissend* - mit allen Sinnen nur riechen, sehen, hören, dann analysieren, denken. In welche Tiefen, Höhen könnte er kommen, wenn er sich von denen, die das Sagen haben wollen, nicht unentwegt mit Wissen vollschütten ließ!

Er tat's jedoch nicht - und mit Genuss: zu wissen gab Stellung, Platz in den machtvollen Gesellschaften. Sie verschafften Untermacht, Teilhabe an der Größe - welcher auch immer, am starken Volkskörper-, und sie verschafften dem Menschen die Leichtigkeit des Seins, wenn sie vielleicht auch schwer war. Doch keine wissensträchtige Tätigkeit, kein Job zu schwer gegenüber dem, was drohen konnte: hungern, versklavt, totgeschlagen. - Was sind Kanalarbeiter, Abdecker, Bergleute, kämpfende Soldaten gegen Verhungern -? Gradezu Leichtigkeit des Seins. Lerne zu wissen, sich einzuordnen, das war's! Nicht rechts, nicht links sehn, Wissen lernen ... und wenn Frau/ Mann gut wurden, für die Gesellschaft nützlich, bekamen sie Teile der Beute ab, wurden manchmal sogar Beuteverteiler -. Wer grübelt, denkt, in Gefühlsleeren herumhängt, ist unreif, hat die *zweite Geburt* - die soziokulturelle - nicht geschafft.

Und er ist gefährlich, weil er sich den gesellschaftlichen Bestrafungs-, Belohnungsritualen entzieht, so das System selbst in Frage stellt. Er wird ausgestoßen - verfolgt, verbannt, verbrannt - oder herausgelobt, hochgelohnt. Gefängnis, Arbeitsverbote, Gedankenverbrennungen gab es zu allen Zeiten für die, welche abtauchten zwischen die Gefühle ... und in andere Richtung das Herausheben zum Staatsdenker, Wissensratsvorsitzenden der verschiedenen Abstufungen, Parteireimer, um sie übersättigt unschädlich zu machen. Als Wissen*türmer* dann plötzlich integriert, arbeiteten im System an neuen Unsterblichkeiten - denen der Geschichte. Von uns wird bestimmt was übrigbleiben, wo wir uns doch immer so schön stark gefühlt haben: Ruhm, Geschichte, andres ... letzte Bastionen gegen den Tod als letztes Aversives.

Warum jedoch treiben sich - bei all den Möglichkeiten von Gesellschaft, die irdisch erheben kann den Göttern gleich - Menschen in den Leeren herum? Einige tauchen stets ab, lassen Welt ein-, ausschwappen, immer mal wieder, manche ständig: - aber warum? So dumm kann keiner sein, dass er durch winzige Abstriche am Verhalten nicht die großen Möglichkeiten gesellschaftlicher Volkskörper wahrnehme... da könnte noch anderes hinterstecken - vielleicht Schlürfen, Haben, Genuss? Dahinter muss mehr stecken: das Sein *zwischen* den Gefühlen muss besser sein, mehr Befriedigung bringen, als Sein *im* Gefühl. Das Ruhigstellen des Körpers zwischen den Gefühlen muss den betreffenden Menschen Bestimmtes bringen - wenn vielleicht auch ohne Perspektiven -, sonst würden sie diese Räume nicht ständig neu aufsuchen!

Hoffnungen auf großartige Ergebnisse ihres Denkens und damit vielleicht auf Erfolg später in der Gesellschaft - dann auf der Ebene adversiv-positiver Gefühle - können sich diese Menschen nur selten machen: zu ungewiss, das meiste Denken selbst für Könner kaum verwertbar. Dazu ist das soziale Umfeld drumherum viel zu uninteressiert, als dass man sich Illusionen auf Anerkennung hingeben könnte, vielleicht vagen Hoffnungen, doch nichts mit dem man rechnen kann. Die anderen halten für die, welche abtauchen, in der Regel nur Enttäuschungen bereit, was von allen Seiten gewusst wird. Es muss etwas anderes sein: die Befriedigung muss in den Aufenthalten zwischen den Gefühlen selbst liegen. Ohne alle Hintergedanken. Manchmal jedoch mit Folgen, für die draußen - und natürlich für den betroffenen selbst, denn wirklich Neues wird stets nur hier in den Leeren entworfen. Das größte Erlebnis von allem scheint jedoch der Körperzustand *ohne* Gefühl zu sein ... und die außerhalb ahnen oder wissen es noch von der frühen Kindheit: es ist ihr verlorenes Paradies.

Sie haben sich nach außen in die Abhängigkeit anderer loben lassen: zu den Gefühlen, zu Glück/ Unglück. Sie stecken stets irgendwo in diesem Spannungsverhältnis: süffig hingegeben einem starken adversiven Gefühl oder voller Abwehr vor negativ-aversiven anderen - aber immer mit Stress und letztlich ohne Befriedigung. Ständig sind sie damit beschäftigt, eins durch das andere zu ersetzen, haben keine Ruhe mehr, nur eventuell neue Hoffnungen, oder schwanken zwischen allen. Nichts, was vor Denken Bestand hätte ... und meistens nicht einmal vor ihrem Wissen -. Sie haben sich hinausloben lassen in die Wissen *anderer*, sind korrumpiert worden. Das Paradies ist verloren - und die Hölle: das sind die anderen.

Sicher, so ist das Leben, der Lauf von Gesellschaften: oben/ unten, adversiv-positive/ negative Gefühle, Glück/ Unglück, Sehnsucht, Hoffnung, Stress - menschliche Komödie. Überprüft und vielleicht auf bessere Bahnen gebracht werden können solche kleinen, großen Höllen aus den *Leeren* zwischen den Gefühlen, manchmal, und nur von wenigen mit sehr viel Mühe. Und die Belohnung dafür wäre das Einssein mit Welt: der Körperzustand *zwischen* den Gefühlen, wo die Welt *ohne* Widerstand ein-, ausschwappt. Es ist das Überglück, Paradies ... die ihre Bestätigung und Befriedigung in sich selbst tragen und so den Stress, Ärger draußen durch die anderen aufheben: den Betroffenen die nötigen Energien liefern, die Mühen des Denkens durchzustehen. Ein autarkes Leben ohne andere, gegen andere - und die anderen merken es.

Völlig autarke Leben gibt es natürlich nicht, jedes Leben spielt sich auch im gesellschaftlichen Sein ab. Menschen, die in den Leeren zwischen den Gefühlen existieren, sind rigoros, haben von Kindheit an gelernt, dass ihnen diese Plätze nicht kampflos überlassen werden. Sie neigen zu Doppelleben, Versteckspielen, nehmen ohne zu zögern an, was Gesellschaft ihnen an Nützlichem bietet, wenden es, funktionieren um. Sie mussten, um nicht unterzugehen, Partisanentechniken lernen: schwimmen im Teich der Gesellschaft, ohne sich zu verraten, immer so tun, als ob zugehörig. Nichts wäre gefährlicher als falsche Bewegungen, weil sie sofort Abwehr, Verfolgung auf sich ziehen. Die anderen sind nicht sehr sicher in ihrem Verhalten: sicher werden sie nur durch den Einklang aller, die synchronisierten Bewegungen, wozu vor allem auch gehört, dass alle in gewissen Abständen ähnliche Gefühle, Wissen äußern müssen. Geleitzugssignale: tu-tuht ... hängen noch voll dran! - Erst wenn die Macht des Denkens in den Leeren zwischen den Gefühlen so stark geworden ist, dass sie gegen die äußeren Mächte etwas ausrichten kann, darf der einzelne aus dem Verborgenen heraustreten und die Auseinandersetzung wagen.

Die Hirnspiele im Verborgenen, versteckten Kämpfe mit den anderen über die antizipierende Kraft der Phantasie: sie gehören zur Entwicklungsgeschichte der Autarken, oft über Jahrzehnte, vom Kleinkindalter an. Wenn es nicht gerade Wunderkinder sind ... doch Wunderkinder werden stets schnell eingefangen und umgebogen zur Feier der Gesellschaft selbst: sie sind fast immer darstellende Interpreten - Eisläufer, Pianisten, Kunstturner. *Welche von uns allen, nur besser!* - Die wirklich Autarken bewegen sich sehr vorsichtig in den Deckungsfalten der Gesellschaft, immer auf der Hut: denn jeden Moment kann ein Angriff der Mehrheit der anderen erfolgen. Erst wenn alles reif wurde, im Inneren genug Kraft angesammelt geworden ist, darf der betreffende auftauchen. Und auch dann werden die ursprünglich einmal Autarken meistens schnell von der Gesellschaft zu ihren *Wissen* gemacht, in Lehrbüchern gelöscht.

Im Grunde lohnt dieser ganze Aufwand nicht - wenn dabei nicht stets das Überglück der Leere wäre, gleichzeitig, im Vollzug. Die Momente des Verschmelzens mit Welt: wenn Ich/ Denken/ Welt zusammenfallen. Was danach kommt, ist eigentlich unerheblich, es zählen allein diese Momente des Erkennens, die zur gleichen Zeit alle erdenkbare Bestätigung, Befriedigung in sich tragen. Im Grunde sind sie völlig genug ... was interessiert da noch Gesellschaft, am besten für immer unten bleiben -. Und die andren draußen ahnen diese Zustände völliger Balance, wollen als Erlebnisse wenigstens die Kicks der Leere erreichen - in Annäherungen. Denken unmöglich, zur Verfügung nur ihr Wissenswissen ... dann vielleicht über Kopfstandsyoga, Drogenschüsse, Fasten, Atemübungen, Radrennfahrn -. Gebildete Menschen, ihr Wissen wird immer größer, beliebte Partygäste.

Werdet doch wie die Kinder ... als Kleinkinder habt ihr es alle gekonnt, nur ward ihr damals nicht Vorgesetzte, nicht Arbeitgeber, Untergebene, nicht Fachleute mit Rentenanwartschaft. Ihr wart damals ohne Vermögen der verschiedenen Ausformungen, konntet nur denken und sinnliche Erfahrungen mit der Welt eingehen. Ihr hattet noch nicht diese Zirkusseelen, wart wer: denkend autarke Wesen - ohne Zuordnungen zu Wissenskoordinatensystemen! - Die da unten *zwischen* den Gefühlen haben keine Seelen -. Sie haben keine. Seelen sind Abfallprodukte von gelernten Wissen, kommen zustande durch falsche Interpretation der erlebten Schutzsysteme aus Gefühlen, plus natürlich den anschließenden Systematisierungen durch Verwertungsgesellschaften wie Kirchen, Priestern, Philosophen, Herrschaftswissensträgern, System Unbewusst, andren Ideologien. *Seelen* sind ausgezeichnete Kunstprodukte, um das Material Mensch in Reih und Glied zu bringen, es der Verwertung zuzuführn, zum Ruhm der Geschichte. Und natürlich zum Ruhm Einzelner und um Mehrwert zu schaffen, verfeinerten Lebensgenuss, auch wieder für Einzelne, - für die Masse der Menschen: um ihnen das Ende zu erleichtern und sie bis zum Schluss manipulierbar zu halten. Post mortem ... vielleicht vererben sie uns Priestern ja noch ihr Vermögen -.

Der Streit früher, ab wann Menschen Seelen haben ... das winzige Kind schon, aber das zu früh geborene, der Abortus? Korrekt: die Seele baut sich jeder selber, sie ist an sein gelerntes Wissen gebunden. Im pränatalen Stadium, ab sechsten, siebten Monat, beginnen die Kinder, äußere Eindrücke zu Wissen zu verarbeiten: und dann startet sie, die Seele. Die wussten damals eine Menge, beobachteten genau.

War ja auch wichtig zu wissen, ab wann die eigene Macht überhaupt beginnen konnte ... über die Seelen anderer, die man mit den richtigen Angeboten süffigen Wissens entscheidend formte. Oder auch nicht süffigen, Hauptsache sie funktionierten später. Nur wer in die Leeren zwischen die Gefühle hinabsteigen konnte, legte die Seele beiseite, funktionierte dann nicht mehr. Diese Menschen waren wirklich gefährlich: sie bedrohten die Gesellschaften, anderes, konnten Seelen umgestalten, in neue Richtungen gehen. Sie waren dringend zu beobachten, am besten verbrennen, Kopf ab! Da so etwas heute nicht mehr ganz so einfach ist: besser herausloben, befördern, bestechen, oder - am einfachsten - die Welt unentwegt so mit Weltsichten zuschütten, dass die Menschen gar nicht mehr in sinnliche Kontakte mit Welt treten können -. Anstatt Welt ihnen nur noch Bilderbilder von Welt geben ... unendliche Spiegelungen - doch immer mit den besten Gefühlen!

Drosseln in den Schonungen der Kindheit ... was soll so was -? Das reicht doch: Pommesbuden, Shopping, Schulen, die Vielfalt der Gummitierchen, quaak-quaak, das intelligente Erzählen in Büchern, Fernsehn: von Erden, Welten, Gerüchen, von Wörtern. Mit Wörtern von Wörtern. In unendlichen Spiegelungen Sumpf, Morast erzeugen ... und den mit den Wörtern großen Gefühls zu festen Böden machen.

Drosseln in den Schonungen der Kindheit -. Sinnliche Erfahrung der Welt: Macht! *Eigenmacht* ... die dann allein gegen die Macht der Sozialisation etwas ausrichten kann. - Sozialisation eine Fremdmacht, welche über erzeugte Wissen entstanden ist, über *gemachte* Wissen: durch den betroffenen selbst - wobei die Wissen aber entscheidend durch von anderen gestaltete Lernfelder kanalisiert, manipuliert wurden. Oft entstand sie auch durch falsch gelerntes Wissen, über falsche Interpretation der gemachten Erfahrungen durch den Betroffenen selbst. Weitgehend jedoch war das mögliche Wissen, das einer erlangen konnte, von außen gesteuert: durch Einengung der Lernfelder, durch Belobigungen, Strafen, etcetera. Falsch gelernte Wissen, deren Entstehungen so nicht beabsichtigt waren - etwa Tics, neurotische Fehlleistungen, Verhaltensstörungen -, waren aber stets die *eigene* Leistung eines Individuums: entstanden aus seiner persönlichen, sinnlichen Erfahrung mit Welt. Sie waren seine Freiheit, auch wenn das so entstandene Wissen objektiv falsch war, deshalb das spätere Leben belastete, deformierte, vielleicht sogar die Person tötete: Es war allein falsches *Denken*, das falsches Wissen erzeugt hatte ... Denken jedoch besser als Wissen, das übernommen wurde. Eigenes falsches Denken, das zu eigenem falschen Wissen geführt hatte, war wahrscheinlich stets besser als richtiges Wissen, das von anderen nur übernommen wurde, ohne es zu überprüfen.

*Eigenes* falsches Denken deshalb besser als richtiges Wissen, weil es in der sinnlichen Erfahrung der Welt entstanden ist ... immer! - Wahrscheinlich stets dort entstanden, und die sinnliche Erfahrung der Welt gut, richtig, wertvoll, weil sie die notwendige Vorstufe zum Denken darstellt. Deshalb ist sie für die Person selbst wertvoller als das nachfolgende Denken, gleichgültig ob das dann richtig oder falsch ist, oder sogar, ob überhaupt Denken erfolgt oder jemand nur zwischen seinen Gefühlen vor sich hin schwebt. Meistens jedoch denkt er in den Leeren - Denken nicht zu verhindern -, und vielleicht ist 'vor sich hin schweben', 'dröseln' bereits Denken. Doch auch die sinnliche Erfahrung der Welt an sich ist Macht! Sie ist die einzige Macht, die gegen die *Macht der anderen* - deren Wirkungswege über durch sie gelernte fremde

Wissen laufen - etwas auszurichten vermag.

Die entscheidende Macht des Einzelnen ist seine Fähigkeit, sinnliche Erfahrungen mit Welt einzugehen, und deshalb versuchen die gesellschaftlichen Sozialisationen, deren Agenten, den Zugang nach dort zu verhindern: über Sitten, Gebräuche, Schulen, Kulturkultur, Common sense. Wenn der Junge, das Mädchen nicht wissen, was richtig ist, sie sich draußen bei Drosseln, anderem rumtreiben, sind sie dem Zugriff schon halb verloren ... mein Gott, wie sollen wir denn mit denen Geschichte machen können -?!

Das erste Gefährliche - vom höh'ren Standpunkt aus - ist die sinnliche Erfahrung der Welt ... dann das daraus erfolgende eigene Denken, egal ob richtig, falsch. Starkes richtiges Denken ist wahrscheinlich das Schlimmste, was passieren kann, aber das kleine falsche ist auch nicht ohne: die neurotischen Fehlverhalter, Bettpisser, Psychosomatiker. Was die für Arbeit machen - und die Kosten, ihnen das alles später mit Psychologen, Psychiatern wieder auszutreiben!

Die Tics, Fehlverhalten des Einzelnen sind gewaltige Eigenmächte, welche die Sozialisationsmächte unentwegt beschäftigen, bedrohen. Sie sind die vielleicht letzte Gegenmacht, wenn die Gesellschaft überhaupt kein eigenes Denken mehr zulässt, alles kanalisiert, vorgeformt hat. Die letzte Freiheit des Individuums, auch wenn es selbst unter solchem Verhalten oft am meisten leidet.

Überdrehte Sozialsationsversuche der Gesellschaften können manchmal jedoch auch - obwohl nicht beabsichtigt - zu neuen *sinnlichen Erfahrungen* von Welt führen und dann in der Folge Denkkräfte freisetzen, welche die Leben in andere Richtungen umsteuern. Die Verweigerungshaltungen gegen Schulen bei Kindern, die dann später - dadurch? - zu sehr kreativen Erwachsenen wurden. Überdrehte Schulnormenswelten können zu sinnlichen Erfahrungen führen, die in der Folge neues Denken schaffen! Ähnlich ist es mit den heutigen Arbeitswelten, Einkaufswelten, Stadt-, Verkehrswelten. Manche verschließen sich plötzlich davor: fangen an zu schreien, zu weinen, zu lachen ... um danach ihr Leben in neue Bahnen zu steuern. Oder der Sozialisationswahnsinn von Musik-Festivals, Musikkonserven: einige werden von den Schlägen der Sounds, Wörter in sich selbst hinuntergeprügelt, fangen unter der Musik plötzlich neu zu denken an. Dann die modernen Kriege, die wohl die überdrehtesten Sozialisationsversuche von Gesellschaft darstellen. Der Erste Weltkrieg: zuerst floh die Jugend vor dem Sozialisationsdruck der Industriewelten in den Krieg - dann führten die fürchterlichen Stellungsschlachten zu neuen sinnlichen Erfahrungen von Welt, die neues Denken schufen. Der Erste Weltkrieg hatte den Köpfen so viel neues Denken eingegeben, wie wohl kaum Kriege zuvor! Denken, das dann später mit viel Mühe und Aufwand durch staatstragende Sozialisationskräfte wieder eingefangen, unschädlich gemacht werden musste -.

Oder die frühere sozialistische Welt ... *Erziehung, Erziehung, Erziehung.* Um nach den oder sogar für die herrschenden Ideologien alles richtig zu machen, wurde der sozialistische Sozialisationsdruck ständig verschärft, bis er schließlich überdrehte: und plötzlich war er zur neuen sinnlichen Erfahrung von Welt geworden, die neues Denken schuf, das die sozialistischen Gesellschaftsstrukturen aufweichte. Und in die entstandenen Lücken stießen dann Kapitalismusgefühle nach ... pardon, marktwirtschaftliches Wissenswissen: Wissen, nicht Denken - es entstanden Schlachten der Wissen. - Und der überdrehte Kapitalismus 'drüben' schafft natürlich auch wiederum neue sinnliche Erfahrung von Welt - die neues Denken macht. Kommen vielleicht deshalb im ehemaligen Ostblock so viele sozialistische Parteien in freien Wahlen wieder zur Macht? Waren die Ausflüge ins andere große Wissen des Kapitalismus nur Katharsis ... und vielleicht sogar durch Denken geplante -?

Die Komik der Welt. Zum Denken gehört Lachen, ohne Lachen ist Denken unmöglich. All diese tragenden Wissen ... die bourgeoisen Würden der Wissen, mit ihrem unterschwelligen Gefühlsdruck *Richtig!richtig!*, der kein Denken zulässt -. Das Wesen des Bourgeoisen wäre das Wissen plus fehlendes Lachen ... ein wirkliches Lachen, auflösendes Lachen, vom Sicherungsdruck des Gefühls her. Noch tiefer!: unter dem Sicherungsdruck - von der Leere *zwischen* den Gefühlen her. - Auch in den ehemaligen sozialistischen Welten gab es bourgeoises Sein, nicht nur in den kapitalistischen. Ein Sein zum Tode hin, obwohl es vielleicht das äußere Leben erleichtert, verlängert.

Wissenswissen wären damit Entwicklungsstadien von Gesellschaft: der Anfang vom Ende - doch gleichzeitig höchste Absicherung, Entfaltung ihrer Macht. Die systematische Verwaltung, Auswertung, Weitergabe der vorhandenen Wissen einer Gesellschaft schafft Macht: es ist die erhöhte Umsatzgeschwindigkeit der Wissen unter Vermeidung von Denken. Doch wenn aus Erleichterungsgründen - Trägheits-, Profit-, Machtgründen - nur noch 'gehantelt' wird, ohne ständige Kontrolle der Wissen durch Denken, beginnt auch Abstieg. Anfang von Endzeit, Fin de siècle: hohe Zeiten des Gefühls - der Wissenswissen. Kunstturner am Werk: die Wissenslasten unter ständigem Applaus mehren, verschieben, gegenseitig bewundern.

Gesellschaft ist arbeitsteilig. Die unendlichen Mengen von Menschen mit ihren unendlichen Wissen: balancierend, sich feiernd ... und einige wenige in den Leeren zwischen den Gefühlen, die die vorhandenen Wissen auf Richtigkeit überprüfen, vorsichtig korrigieren. Davon lebt Gesellschaft, und wenn diese Gleichgewichte erhalten bleiben, wächst Gesellschaft, bleibt sie gesund. Es sind immerwährende Prozesse, die nie zum Stillstand kommen dürfen. Doch Wissen hat wegen der daran gekoppelten Gefühle den Hang zum Wuchern: hat 'Gottesgnadentum' und damit Hybris eingebaut. Sie sind Teil seines natürlichen Wesens und das versucht aus Sicherheitsgründen - oder auch inneren Verunsicherungsgründen - ständig, wirklich Neues zu verhindern. Es arbeitet so am Untergang ... um der Gefühle willen!: *Arbeit* am Untergang.

Sein in den Gefühlen ... gleich Sein zum Untergang. In den Leeren zwischen den Gefühlen: Sein *zum* Leben!

Obwohl's eigentlich Sein am Tode ist -. Nein: im Leben, am Leben, es ist das dichtest mögliche am Leben. - Die sinnliche Erfahrung der Welt wohl einzige Möglichkeit, Leben zu erkennen, vielleicht auch die einzige, es zu leben. In der sinnlichen Erfahrung Öffnung des Körpers für Welt: Ein-, Ausschwappen ... hüllenlos, grenzenlos ... Einsaugen, Aufsaugen, Einswerden mit Welt. Übergang von Leben in Welt - Welt in Leben. Erfahrung der Welt im Körper: Erfahrung der Leben im eigenen Körper - drinnen, ganz nah! Das *Wissen* der Welt durch sinnlichen Vollzug, *Wissen* des Lebens: ohne Bewusstsein. Dann der Prozess des Bewusstwerdens: Denken!

Sinnliches Wissen ohne Bewusstsein, die sinnliche Erfahrung der Welt: das die eine Schaukel; denkendes Bewusstwerden, als ewiger Prozess, die andere.

Vielleicht ... wahrscheinlich -.

Nein!: sinnliches Wissen gleich sinnliches Bewusstsein! Ein Bewusstsein ohne reflektierendes, abstraktes Bewusstwerden: Bewusstsein, das im Körper steckt, einfach da ist. Das auch über die Zellen des Körpers wirkt, nicht nur übers Hirn ... Gleichgewicht, Schwerkraft, Licht, warm, kalt, Gerüche, angenehm, unangenehm, Freundschaft, Wut, Alleinsein, Zusammensein. Die Erfahrung menschlicher Nähe: mit Freunden zusammen sein, gemeinsam lachen, etwas tun, arbeiten - zusammengesetzt aus Hunderten sinnlicher Bruchstücke, über Jahre! Lernen im Vollzug ... nicht aus Büchern, Gedichten, Schulstunden. *Sinnliches Wissen!* Bäume, Drosseln, Wald: ein sinnliches Bewusstsein, das tief im Körper steckt und danach ständig - immer mal wieder aufmerksam werden lässt, die Dinge sehen, sie aufsuchen lässt. Kein abstraktes Hirndenken! Oder zu Wassern gehn, zu Wolken, Sturm - oft nur innen, in sinnlichen Bildern der Phantasie -, zu Bergen, Höhlen. Ein völlig anderes Hinsehn ... als auf Ampeln, Schaufenster, Zeitungen!

Sinnliches Bewusstsein entsteht durch sinnliche Erfahrung - primär, durch Vollzug: körperlich, ohne Reflexion -, dazu kommt dann das intellektuelle Bewusstsein: über Denken, durch bewusste Verarbeitung der gemachten Erfahrungen mit Welt. Und alles zusammen ergibt den *eigenen* Weg in die Welt, nicht unbedingt einen besseren oder schlechteren, doch sehr eigenen. Deshalb die Taktik der Sozialisation, ihrer Agenten, die sinnlichen Zugänge zur Welt zu verstellen, um die gesellschaftlichen Entwicklungen unter Kontrolle zu halten: und so eigene Wege für den Einzelnen nicht zuzulassen, das sinnliche Bewusstsein systematisch durch vorgeklärte Wissen zu ersetzen. Es wenigstens zu versuchen. Nur noch Softdrinks anbieten ... süffigsüffig, alle mit Geschmacksverstärker -.

Das Spannungsverhältnis zwischen dem Einzelnen und der Gesellschaft geht bis in Körperzellen!: bis in die Materie des Körpers - ist nicht nur Soziologie, Psychologie (über äußere Lernprogramme). Die gelernten Wissen bedeuten Einschleifung, plus Erzwingen ihrer Einhaltung über die Gefühle: durch *physische* Körperreaktionen. Unser mechanistisches Seelenleben: verquirlte Gefühle zusammen mit gelerntem Wissenswirrwarr -. Und oft mit System: von außen.

Auch von innen ... mit System -? Innen mehr Schicksal. Auch außen Schicksal - wohin einer geboren wird, in welche Mühlen des Lebens er gerät -, doch nach den ersten Anfängen trifft er auf von anderen geplante Entwicklungssysteme (Erziehung). Die sinnlichen Fähigkeiten jedoch, mit denen der Einzelne auf die Angebote von Welt und Gesellschaft reagiert, scheinen mehr Schicksal zu sein: seine körperliche Leistungsfähigkeit, seine Kondition, der Intellekt, die Intelligenz, Widerstandskraft, Gesundheit. Sie haben viel mit Zufall zu tun, dem nur in Maßen nachgeholfen werden kann. Dazu der Zufall der äußeren Möglichkeiten - unabhängig von den Personen -, sinnliche Erfahrungen mit Welt eingehen zu können: also die *Plätze*, wo einer aufwächst. Meint es das Schicksal gut und kommen übergewichtig sinnliche Erfahrungen in Gang, mit ihnen die Entwicklung von Vernunft, dann steigt die Wahrscheinlichkeit, dass sie weiter ausgeformt werden: sie dynamische Trägheitsmomente entwickeln, welche den eigenen Anteil dieser Person an der sinnlichen Erfahrung der Welt und an der Vernunft stetig ausbauen. Wie umgekehrt die Wahrscheinlichkeit wächst, dass die Gesellschaften sinnliche Erfahrung und Vernunft mindern, wenn sie gleich die ersten Sozialisationszugriffe erfolgreich haben landen kön-

nen: Windeln wickeln ... Abstillen ... Kindergarten ... Sauberkeits-
dressuren ... Schule ... Militär... Erwerbstätigkeiten. Dies sind die Be-
harrungstendenzen natürlicher Systeme, welche die einmal eingeschla-
genen Richtungen zu verstärken suchen: Trägheitsmomente, die physi-
kalisch Sinn machen.

Alle Gesellschaften haben sich stets mit der Wucht oder Trägheit der
in ihnen vorhandenen Wissen vorwärtsbewegt: so haben sie überlebt,
konnten sich von Generation zu Generation weiter retten. Die Behar-
rungstendenzen des Lebens scheinen Widerstände auf ihren Wegen einfach wegzuhobeln, so wie urzeitliche Gletscher durch Massenträgheit
Unebenheiten des Geländes abgeschliffen haben. Oft sind Gesellschaften durch ihre verwalteten Wissen jedoch auch in Fallen geraten und
darin umgekommen, haben die Entwicklungsspiele der Geschichte verloren und sich aufgelöst. Es scheint sogar die Regel zu sein, dass Gesellschaften mit der Zeit über ihre tradierten Wissen in gefährliche Ent-
wicklungsfallen geraten.

Häufig sind Gesellschaften in solchen Krisen aber noch gerettet
worden, weil einige Menschen in ihnen sich außerhalb der vorhandenen
Wissen bewegt und Neues erdacht haben. Weil sie in den Leeren zwischen den Gefühlen neues Wissen geschaffen haben, das dann die Gesellschaft als ganze rettete: Feldherren, Erfinder, Religionsstifter,
Staatsmänner, Wissenschaftler. Leben ist immer Leben am Abgrund,
auch die Leben von Gesellschaften sind es. Sie müssen ständig dem
Tod abgerungen werden. Jede Gesellschaft braucht die Beharrungsträg-
heit ihrer Wissen, um die Widerstände des Tages beiseiteschieben zu
können - sie braucht jedoch gleichzeitig auch neues Denken, das die
vorhandenen Wissen, Lösungswege überprüft, und so verhindert, dass
sie in 'Massenträgheit' querschießen. Nur in der Balance zwischen
Massen-/ Mengenträgheit und der Wendigkeit des Denkens scheint
Überleben möglich zu sein: als mechanistisches Gesetz.

*Mechanistisch* notwendig ist es für die Gruppe oder Gesellschaft -
für den einzelnen Menschen in ihnen jedoch nicht. Der Einzelne kann
durch Minderung sehr wohl überleben, je weniger Balance zwischen
Wissen und Denken er in sich hat, um so besser! Je mehr er sich im
Denken zurücknimmt, sich in Wissen spezialisiert, desto glatter überlebt er in der Gesellschaft: wird gefördert, gelobt, bezahlt. - Im Grup-
penleben sind die Spezialisten (der Wissen) die Angesehensten ... in
der Konkurrenz der Gruppen, Gesellschaften untereinander sind jedoch
die Denkenden die wichtigsten zur Überlebensfähigkeit. Das Wissen
einer Zeit ist immer relativ gleichmäßig in (fast) allen Gesellschaften
verteilt (derer ähnlicher Kulturkreise): Vorteile gegenüber konkurrie-

renden Gesellschaften verschaffen nur die Grade der Wissensorganisationen, plus das im Moment neu Gedachte.

Die Anforderungen an den einzelnen Menschen und an die Gesellschaften als ganze sind verschieden. Durch das Bemühen des Einzelnen um sein materielles Vorankommen herrscht in der Gesellschaft - die sich durch die Mengen der Einzelnen ergibt - meistens ein falsches Wertesystem: durch platte Übertragung vom Einzelnen sind in fast allen Gesellschaften die landläufigen *Ideale* das Bequeme, Schnelle, wenig Unruhe schaffende Funktionale, das Profitable, Reichtum mehrende, etc. Sie sind die großen Werte, welche die Gesellschaften besetzt halten.

Nur können Schlagwortbegriffe wie ,Funktionalität', ,Marktwirtschaft', ,Freiheit' auch bourgeoise Rückwärtsentwürfe sein: zuerst entstanden die großen Wissen, wie man persönlich in der Gesellschaft am besten vorwärtskommt, *danach* noch die ideologischen Unterfütterungen zur zusätzlichen Absicherung. Etwas grob: zuerst die Gefühle des Konkurrierens, des Neides, Geizes, der Gier ... dann sie herausgehoben aus den Niederungen Menschlichallzumenschlichen zu (scheinbar) objektiven Theorien, hoch zu den Olympen eigener Kindheitsbildung: zu Aristoteles, Sokrates, Cicerocaesar, Bismarck, Jesus. Warum sollte theoretisch Gier *an sich* nicht genauso gut wie Nächstenliebe sein -?!

Sein zum Tode hin -. Das Überleben von Gesellschaften war stets nur möglich, weil ihre Systeme nicht perfekt genug sind, einzelne Mitglieder immer noch entkommen können, abtauchen ins Denken zwischen die Gefühle. Und weil stets Fremde nachrücken: Primitive aus den sinnlichen Erfahrungen der Welt ... ungeschliffene, die Kindergärten, Schulen überspringen und sich das, was sie fürs Denken wissen müssen, selbst beibringen -. Also die Öffnung der Gesellschaften für Aufsteiger, Eindringlinge, oft sogar gewaltsame. In unserer Zeit gut an US-Amerika zu beobachten: wie die kreativsten Elemente dieser Gesellschaft fast regelmäßig über die Einwanderer aus allen Winkeln der Erde nachwachsen.

Doch diese Problematik gilt für jede Gesellschaft, gleichgültig ob sie nun kapitalistisch, sozialistisch, hinduistisch, islamistisch ist: einmal das Zusammenschweißen der Einzelnen zu gesellschaftlichen Machtkörpern über gemeinsam eingeübte Wissen/ Gefühle - dazu dann noch die wenigen, welche die zu gehenden Wege *denkend* begleiten, korrigieren, alles in Balance halten. Wenn eine der Seiten fehlt, rutscht es weg, als Extreme entweder zu Hunger, Elend, Geschlucktwerden von anderen Völkern, Gesellschaften ... oder zu alleinigen Machtselbstdarstellungen, mit nur noch warmem Gefühl - und danach ebenfalls Zugrundegehn. Nichts gelingt wirklich ohne Gegengewichte! Drosseln in den Schonungen, Hunde, Bäume, Wind - sie sind überlebenswichtig!: den wenigen Einzelnen - *für* ihre Gruppen.

Die Gruppe weiß das nur nicht ... versucht, die Einzelnen zu behindern, weil die mit ihrem Anderssein stören, nicht zur genießenden eigenen Ruhe kommen lassen -. Die Einzelnen in ihren Leeren erkennen diese Zusammenhänge natürlich, holen sich immer wieder neue Kraft aus den sinnlichen Erfahrungen der Welt, um ihr Denken gegen die Widerstände der Gesellschaft durchführen zu können - ohne die Fähigkeit zur sinnlichen Erfahrung der Welt wären sie verloren. Doch da sie die Einrichtung *Gesellschaft* überwunden haben, sich deren Bestätigungs-, Haltesystemen von vornherein verweigerten, fehlt ihnen eigentlich nichts: sie schwimmen nicht in der Gesellschaft, sondern in der Welt ... lassen Welt ein-, ausschwappen, völlig entspannt. *Sie sind Welt.*

Wenn das die anderen wüssten ... dann brauchten sie nicht mehr Orden zu sammeln, Geld zählen, Drachen fliegen, Heilfasten, Sahnetörtchen essen -. Doch sie ahnen es, wissen es sogar wahrscheinlich, hilft ihnen aber nicht: das Paradies ist verloren - kein Yogakopfstand, Drogenschuss, Sex führen dorthin zurück. Sie sind systematisch mit *Wissen* zugeschüttet worden, die Leere gibt es für sie nicht mehr. Sie sind ins Wissens-/ Gefühlssystem von Gesellschaft eingewoben worden ... und die Hölle, das sind die anderen.

Doch träumen wird man wohl noch dürfen -. Sicher, nur wäre denken besser, wer träumt, ist schon in Wissen gefangen. Beim Träumen wird ein Wissen durch das andere ersetzt, schiebt sich vor über vorgefertigte Wissensbrücken, erreicht nie Ufer. Und jetzt ist es sowieso zu spät: einmal die Chancen vertan, immer vertan. Hättest Hund bleiben sollen oder Kind, hättest dich bei den Drosseln der Schonungen aufhalten sollen, dem Geruch der Bäume, dem Licht, bei den Farben, dem Meer ... beim Denken. Du wolltest groß werden, Karriere machen, konntest nicht schnell genug gewichtiges Mitglied der Gesellschaft werden: jetzt sei glücklich, unglücklich - die Leeren kannst du nie wieder erreichen. Man kann nicht alles haben wollen. Anerkannt zu sein, Sicherheiten zu haben, stets zu wissen, was Sache ist, hat ja auch was Schönes. Wenn die Wissen auch oft nicht stimmen ... es kommt nur aufs Fürwahrhalten an - Wahrheit, was ist das schon? Sieh zu, dass du genügend Leute auf deine Seite ziehst!: wenn ihr dann alle gleichzeitig in gleiche Richtung starrt, merkt keiner mehr, dass es überhaupt noch andere Richtungen gibt.

Drosseln in den Schonungen, Bäume, Wasser, Wind ... die sinnliche

Erfahrung der Welt, die die Zugänge offenhält zum Denken. Nicht passive Zugänge, sondern aktive: unter ständigem Arbeiten, Kampf, bereits in den Kinderjahren. Wer dort den *eigenen* Zugang zur Welt verliert, ihn von anderen zuschütten lässt, ist fürs Denken verloren. Sich von den Wissen der Gruppe einwickeln zu lassen, ist viel bequemer, leichter, lohnender, es ist das normale Leben: ein ‚Laufbahnleben‘, meistens nicht besonders hoch oder tief, aber *mittendrin*, zwischen den anderen, mit ständig spürenden Gefühlen. Die Gefühle sind das Bestätigende, Befriedigende ... doch oft natürlich auch das Stressige, manchmal Leidende.

Denken jedoch ist stets auf sich selbst gestellt, ist die eigene Leistung. Ob es gut, richtig, falsch ist, kann nur an Welt überprüft werden und nicht unbedingt mit vorgegebenen Verfahrensregeln wie Logik, Harmonie, anderem. Vieles Neue scheint zuerst unlogisch, unharmonisch, falsch, schlecht zu sein: die Ergebnisse vollzogenen Denkens können endgültig aber nur an Welt überprüft werden, nicht an den vorhandenen Wissen des Betreffenden oder anderer seiner Gruppe. Wenn es vor der ‚Welt‘ Bestand hat, ist es gut, brauchbar, richtig. Sobald das Ergebnis des Denkens neue sinnliche Erfahrung wird, sich gleichberechtigt neben andere mögliche Erfahrungen von Welt stellt - also selbst neue Welt geworden ist -, beweist es seine Qualität. Bereits vorhandene Wissen können nicht zu einer letztendlich gültigen Beurteilung führen, weil Wissen unablässig dabei ist, in oft falsche Richtungen zu drängen: um seiner *selbst* willen - um die vorhandene *eigene* Sicherheit zu behalten, sich durch Neues nicht verunsichern zu lassen. Wissen kämpft ständig gegen neue Erkenntnisse, versucht sie zu verhindern: Wissen ist der geborene Feind des Denkens, deshalb wenig brauchbar, die Güte, Richtigkeit von Denken zu überprüfen.

Denken ist das Gehen eines Weges, es sind Prozesse, die nie völlig zum Stillstand kommen. Das entstehende Werk - als erstarrte Momentaufnahme dieser Prozesse - kann von dem Betroffenen selbst nur an Welt überprüft werden, wozu er jedoch zur sinnlichen Erfahrung von Welt fähig sein, sie sich von Kindheit an erhalten haben muss. Mit diesen Erkenntnisfähigkeiten muss er ständig überprüfen, ob die Prozesse seines Denkens und Arbeitens selbst schon zu sinnlicher Erfahrung neuer Welt geworden sind. Wenn das eigene Produkt ihm selbst neue sinnliche Erfahrungen vermittelt, könnten sie *vielleicht* gelungen sein: ein Gedicht, Bild, ein Satz, eine Tonfolge, physikalische Formel. Und wenn sein Denken gut war, zu Produkten führte, die überzeugen, können sie Bestand haben, nach und nach - mit diesem erstarrten Ausschnitt des lebendigen Prozesses - ins allgemeine Wissen eingehen: als etwas, das nicht falsch und deshalb vielleicht gut und richtig, schön und wertvoll ist. Diese Übernahme ins Bewusstsein vieler wird nicht sofort gelingen, doch mit der Zeit, wenn die alten Wissen sich ans Neue gewöhnt haben. - Die Gewöhnung ist deshalb langwierig, weil Wissen im Körper verankert werden: in den Gefühlen. Der Körper muss umgelernt werden, damit er beim Auftauchen solcher neuen Wissen nicht mit Alarmsignalen reagiert, sie nach und nach sogar mit positiv-adversiven Gefühlen unterfüttert.

In allen Gesellschaften stehen sich stets zwei Lager gegenüber: die große Mehrzahl der Menschen, die das Leben mit den gelernten Wissen zu steuern versuchen ... dagegen die wenigen, welche den Fortgang des Lebens mit Denken überprüfen. Die Menge der Menschen, welche den Gesellschaften die nötigen ‚Trägheitsmomente' verschaffen - die Wucht, historische Durchsetzungskraft - richtet sich auf ihren Wegen am vorhandenen Wissen und damit auch an ihren Gefühlen aus ... die wenigen Menschen des Widerparts müssen jedoch zuerst ihre vorhandenen Wissen und Gefühle *überwinden*, um zu den Möglichkeiten ihres Denkens gelangen zu können. Und die *Bedingungen für Denken* lassen sich nur mit größten Mühen in den Leeren zwischen den Gefühlen erreichen!

Diese zwei Arten von Menschen in den Gesellschaften sind nicht besser oder schlechter als die jeweils andere - nur verschieden. Es ist eine Verschiedenheit, die in den Gefühlen begründet liegt, in *physischen* Reaktionen der Körper: im sich Weiten/ Engen von Organen, im Krampfen, Entspannen. Gelernt wurden sie in den jeweiligen Lebensgeschichten des Einzelnen - durch *andere*: durch die Auseinandersetzungen mit anderen Menschen.

Die wenigen, die in die Leeren des Denkens hinabsteigen können, haben natürlich auch Gefühle gelernt, da niemand außerhalb von Gesellschaft lebt, doch sie haben sich parallel dazu die alten Erkenntnisfähigkeiten der frühen Kinderjahre offengehalten: die der sinnlichen Erfahrung von Welt. Sie ermöglichten es ihnen, den Wissens-/ Gefühlswirrwarr von Gesellschaft bei Bedarf auszublenden, zu vergessen, um Lebenssituationen neu durchdenken zu können. Manchmal so radikal als wären sie erste Menschen.

Menschen schaffen es nur selten, dem Sozialisationsdruck von Gesellschaft zu entkommen. Solches Entkommen hat wahrscheinlich auch wieder mit Gefühlen zu tun: mit schönen, entspannenden, adversiven. Die Sozialisationsfelder, welche unentwegt neue Wissen einzuschleifen versuchen, lösen in jedermann Unmengen negativ-aversiver Gefühle aus - über weite Strecken sind sie gradezu unerträglich. Um dem zu entgehen, versuchen alle jungen Menschen möglichst oft, sich dort aufzuhalten, wo es gute Gefühle gibt, in der realen Welt oder auch in ihren Phantasien, den Tagträumen. Kinder leben mit Märchen, Geschichten, bestehen in ihrer Phantasie Abenteuer, schließen sich eng Tieren an, spielen mit Wasser, Farben, Wind, streifen ziellos in nichtmenschlichen Welten umher: dort, wo sich freier atmen lässt, *adversivpositive* Gefühle entstehen. Wenn den Kindern das häufig gelingt, sie diese individuellen Techniken des Entkommens perfektionieren, besteht gewisse Wahrscheinlichkeit, dass sie sie behalten, sie gegen die Anmaßungen von Gesellschaft - die *erzwungene Wissen* sind! - verteidigen. - Sich entziehen, entkommen ... erst einmal: nur so - und wenn diese Individuen gut sind, Qualitäten haben, in der Folge dann auch mit dem Widerstand des Denkens.

Die Gesellschaften wissen natürlich um die Gefahren, dass ihre Mitglieder - besonders die jungen - ihren Zugriffen entkommen können, wenn sie zu intensiv zu schöne Gefühle im Zusammenhang mit *nichtmenschlicher* Welt erleben. Sie achten deshalb ständig darauf, dass es neben den im Sozialisationsdruck zwangsläufig entstehenden *aversiven* Gefühlen auch zu positiv-adversiven kommt: bei Feiern, Lachen, Scherzen, durch materiellen Genuss, Essen, Trinken, durch Geschenke, Signale der Zugehörigkeit, Geborgenheit. Gefühle/ Wissen sind bereits in der Phase ihres Entstehens - auf der *Gefühlsebene!* - auszutarieren! Wichtig sind Geschenke: Menschen müssen sehr früh an materiellen Verbrauch gewöhnt werden - etwa über Mitbringsel, schöne Geschenke, Taschengeld -, und so in Abhängigkeiten gelangen. Sie müssen auf spezielle *Gefühlsfelder* geraten, wo materieller Verschleiß mit *positiven* Gefühlen gekoppelt wird! Es muss ständig demonstriert werden, was Frau/ Mann sich materiell alles leisten können, wenn sie voll in der 'richtigen' Richtung der Gesellschaft mitziehen, welche Chancen Gehorsam, Pflicht und Aufgehen im gesellschaftlichen Arbeitsleben bieten.

Was soll Gesellschaft denn mit Leuten anfangen, die glücklich mit nichtmenschlicher Welt sind, die das Beste ihres Lebens kostenlos durch Wind, Drosseln und Gras und Hunde bekommen -? Das sind *Asoziale*. Die einzelnen Menschen müssen sehr früh und regelmäßig an die Wonnen des Kaufens, Verkaufens: die des Geldes gewöhnt werden. Das wären die unverzichtbaren Standards von Marktwirtschaft.

Andere Gesellschaften, die weniger materialistisch ausgerichtet sindwo Macht direkt, ohne den Umweg übers Geld verteilt wird -, haben andere Gepflogenheiten, dem Nachwuchs neben den aversiven Gefühlen durch Sozialisationsdruck auch positiv-adversive zu vermitteln. Indem sie sie etwa in Kinderuniformen der Großen zu stecken ... in die der Priester, SA: sie mitmarschieren, Fähnchen, Weihrauchkübel schwenken lassen. Oder indem sie sie martialisch singen, Geländespiele machen, auf Klassenfeinde als Ziele schießen lassen. Alles, was Spaß macht, und dabei die spätere (eigene) Macht durchscheinen lässt: Krach für Gewalt ... Formationsansammlungen, Waffen ... der Prunk von materiellem Einsatz. Es muss parallel auf den Gefühlsebenen vermittelt werden, dass sich einfügen großen Spaß macht. - Was soll Gesellschaft denn mit Drosseljungen, Windmädchen -? Mädchen müssen ihre adversiv-entspannenden Gefühle im Raum der Familie beim Kuchenbacken gelernt bekommen, schon Mutter hat sie dort gelernt und Großmutter, Urgroßmutter. Sie tragen sie in sich ... und was jemand in sich trägt, kann nicht schlecht sein: *achte auf dein Herz* - zum Kuchenbacken, Mitmarschiern, Geldzählen!

Da haben es die anderen besser ... die Windflüchter, Steinewerfer, Nutzlosen, wenigstens vordergründig, wenn sie geschickt sind. Sie geraten zwar schnell in die Abwehrkämpfe der Gesellschaft, da sie eine große Gefahr sind, vielleicht die größte: sie sind die schlechten Beispiele, welche die Mehrheit bedrohen. Sie müssen stigmatisiert, ausgegrenzt werden ... etwa durch Kappen der Laufbahn, materielle Entzüge, Demütigungen, Beschimpfungen. Notfalls müssen sie ausgestoßen werden - früher durch Steinigen, Hinrichten, heute durch Sonderschulen,Therapien, Heime. Die *eigenen* Wege hält kaum einer lange durch, nach einigen Ausflügen durch die sinnlichen Erfahrungen der Welt kehren sie meistens reumütig zurück, um dann als Welterfahrene, Menschen mit Vergangenheit, oft auch als sogenannte Kreative, dennoch in den Gesellschaften Karriere zu machen. Viele jedoch wurden zerbrochen, abgestumpft, machen nur noch - nicht rechts, nicht links sehend - ihre Jobs. Allein die wirklich Asozialen halten durch, ohne groß zu leiden ... und die, welche es geschafft haben zu denken, halten durch.

Die es geschafft haben zu denken, die Macht ihres Denkens gegen die Mächte von Gesellschaft zu stellen, halten durch. Sie müssen mit der Macht ihres Denkens nicht siegen, zu Lebzeiten nicht und später nicht, werden es auch in den wenigsten Fällen, doch sie können durchhalten, weil die Kraftreservoire ihres Lebens durch die sinnlichen Erfahrungen der Welt - in denen Denken geschieht - immer wieder neu aufgeladen werden. Wie auch die Kraftreservoire der wirklich Asozialen dort stets aufgeladen werden. Beide benötigen in ihren Leben nicht unbedingt festumrissene Ergebnisse, die von der sozialen Umwelt als Wert bestätigt werden. Den einen genügt es, in der sinnlichen Erfahrung der Welt zu leben - vor sich hin, nur so -, den anderen, in den sinnlichen Erfahrungen denkend zu erkennen. Ihnen genügt das denkende Erkennen. Wenn die anderen den Wert des Erkannten einsehen und in ihr Wissen übernehmen, gut, wenn nicht, auch gut. Die sinnlichen Erfahrungen der Welt in den Leeren zwischen den Gefühlen geben ihnen stets genug Kraft zum Weiterleben oder zum Sterben, wie sie auch den Tieren genug Kraft geben und den wirklich Asozialen. Nur wer in den Sozialisationsprozessen durch von anderen übernommene Wissen aus der sinnlichen Erfahrung der Welt verdrängt wurde, verlor die natürliche Kraft für sein Leben, muss sich in den sozialen Umfeldern Kraftersatz suchen: kleine und größere Machtmittel, Verdrängungsmechanismen, Blendwerk, sogar Tinnef.

Die in Gesellschaft gefangenen ahnen selbstverständlich, dass ihre aus Wissen gebauten (Bürger)welten nicht unbedingt gut, richtig sind. Bilder von Bildern von Bildern sinnlicher Welt, Spiegel in Spiegeln, Machtgespinste, Verwertungsformeln: verschachtelte Gefühle, die sich von den zugehörenden Wissen gelöst haben, vagabundierende Nerven-, Körperreizungen. Das ist das System. Um es nicht einstürzen zu lassen, müssen darauf ständig neu neue Wissen geladen werden: ewiges Wachsen in Wissen. Immer perfektere Abschottung ... Abstrahlungen sinnlicher Welt möglichst nicht dort eindringen lassen!

Die wenigen in der sinnlichen Erfahrung noch Lebenden sind Bedrohungen, die das System demaskieren könnten, sie müssen ausgegrenzt, unschädlich gemacht werden. Die Asozialen werden mit festen Wissen von Statistiken, Untersuchungen, Prozentzahlen stigmatisiert, so wieder eingefangen. Flüchtende Bourgeoise - besonders in den jungen Jahren - werden auf *geordnete* Randgebiete von Hobby, Unterhaltung, neuem Erleben, Urlaub abgedrängt, die nur mit genügend Geldnachschub aufrechterhalten werden können - der wiederum durch Funktionieren in anderen Gesellschaftsstrukturen erarbeitet werden muss. Scheinbares Disfunktionieren, das allein durch Funktionieren anderswo möglich wird. Alle denkbaren Ausbruchsversuche sind lange vorher schon strukturiert, vermarktet worden, bevor die betroffenen selbst erste Gefühle von Unbehagen entwickeln, zur angeblich großen Freiheit aufbrechen. Wahrscheinlich sind sogar die Gefühle/ Wissen des Unbehagens als Ventil geplant, um noch größere Abhängigkeit, Unfreiheit zu erzeugen. Wenn man Heranwachsende in den Bildungsprozessen systematisch mit Wissen von Freiheit/ Gerechtigkeit/ amerikanischen, französischen Revolutionen/ Robinson Crusoe/ Indianerleben/ bürgerlichen Wandervögeln auflädt, muss das in Schüben Unbehagen erzeugen!

Die einzigen kaum Verwundbaren einer Gesellschaft sind die Denkenden in den *Leeren* zwischen ihren Gefühlen: denn sie haben die Wissen überwunden. Sie haben alle geronnenen Wissen, welche sie in den Bildungsprozessen selbstverständlich auch gelernt hatten, wieder verflüssigt, in Bewegungen des Denkens zurückgeführt, neu gewendet. Und Denken ist der natürliche Feind des Wissens ... Wissen der natürliche des Denkens!

Doch die Fronten sind zu verschwommen. Denkende sind von der Gesellschaft wenig greif- und damit angreifbar, da sich zuerst alles nur in den Köpfen abspielt: diffuse Bewegungen, Spannungszustände, von denen im Anfang nicht einmal die Betroffenen selbst ahnen, was sie meinen. Sichtbar wird Denken erst, wenn die Prozesse weitgehend abgeschlossen sind: doch dann hat Denken bereits an Macht gewonnen, kann nicht mehr einfach durch etablierte Wissen beiseitegewischt werden - wenn es denn gut ist. Jetzt müssen Auseinandersetzungen geschehen, der Träger des Denkens ist zum sichtbaren Gegner anerkannter Wissen geworden. Die Gesellschaft kann ihn danach bekämpfen - verfolgen, verbieten, beseitigen - oder ihn einfach nicht zur Kenntnis nehmen wollen, hoffen, dass er ermüdet, von allein verschwindet. Für die zweite Reaktion ist es zu diesem Zeitpunkt meistens jedoch schon zu spät ... wenn das neue Denken etwas taugt. In Phasen des Negierens durch die Gesellschaft wird es allein stärker: durch ständig neues Durchdenken von seinem Träger immer besser abgesichert, bis es schließlich gradezu gewalttätig wird. Die letzte Chance, dem neu Gedachten die gesellschaftlichen Sprengkräfte zu nehmen, ist dann, es ins *öffentliche Wissen* zu überführen: so die anderen Wissen zu ergänzen, zu ersetzen, und dem Erschaffer geordnete Stellung in den gesellschaftlichen Hierarchien zu geben. Ihn also einzubinden ins vorhandene Wissensnetzwerk. - Denkende müssen aus den Leeren zwischen ihren Gefühlen notfalls an die Spitzen der Wissen gehoben werden ... müssen durch gesellschaftliche Stellungen bestochen werden, um ihnen die Kraft, Gefährlichkeit ihres Denkens zu nehmen. Jedes Denken wird durch die Einbindungen in Wissen und in die damit einherkommenden Gefühle von selbst entschärft.

Wie gefährlich ist das Denken der Französischen, Russischen Revolution, wenn es auf bourgeoisen Bildungswegen gelehrt und in Examen für den gesellschaftlichen Aufstieg überprüft wird -?!

Trotzdem sind beide - Wissen wie Denken - zum Überleben der Menschen unverzichtbar. Wissen ist der natürliche Feind des Denkens und wehrt sich gegen neu Gedachtes, versucht ständig, den Grad der Einsicht auf *seinem* Niveau zu halten. Bei diesen Abwehrkämpfen scheut es nicht vor rabiaten, sogar gewalttätigen Mitteln zurück: weil

Denken für Wissen existentielle Bedrohung ist, es als Unfug entlarven, ihm gradezu die Daseinsberechtigung entziehen kann. Und weil dabei sehr starke Gefühle einherkommen, die Abwehrkämpfe mit manchmal kaum zu ertragenden Körpererregungen verbunden sind!

Und umgekehrt ist für das Denken oft ein Wissen der größte Feind: weil schlecht gedacht, es nur eine als Denken vorgeschobene Gefühlsreaktion, manchmal hanebüchener Unfug ist ... und trotzdem ungemein stark ist, mit individuellem Denken kaum gegenanzukommen, da ihm alle gesellschaftlichen *Macht*mittel zur Verfügung stehen. Auch die Denkseite ist deshalb häufig mit schwer erträglichem Gefühl belastet: den Gefühlen von Demütigung, des Vergeblichen, der Niederlagen. Jedes Denken ist zudem unverzichtbar mit Unmengen von Wissen verbunden, die in den gesellschaftlichen Bildungsprozessen gelernt wurden. Niemand ist eine Insel, jeder wuchs in 'bourgeoisen' Gesellschaften auf, da jede Gesellschaft durch Tradierung, Verfestigung der *Wissen* - wodurch sie sich erst etabliert! - bürgerliche Züge hat, egal wie sie sich nun nennt: ob marktwirtschaftlich, sozialistisch, islamistisch, etc. Alles, was denkt, ist notwendig aus dem vorhandenen Wissen hervorgegangen, hat jedoch, als ersten neuen Schritt, *Wissen* überwunden, sich von ihm distanziert, es im Grunde bereits bekämpft. Und da die gelernten Wissen mit Gefühlen einherkommen, waren diese Auseinandersetzungen für den Betroffenen selbst schon oft emotional schmerzhafte Prozesse, auch wenn sie sich nur - wie meistens - in der eigenen Person abspielten.

Die Klärungsprozesse, welche mit den oder gegen die von anderen übernommenen Wissen ausgetragen werden, sind oft sehr schmerzhaft. Der Betroffene wird die mächtigen Wissen in sich nur überwinden können, wenn er aus seiner sinnlichen Erfahrung der Welt *eigene* Bezugssysteme und Nachschub an Kraft bekommt. Diese Auseinandersetzungen können fast militärisch gesehen werden, weil kaum je so verbissen gekämpft wird wie zwischen Wissen und Denken (höchstens noch in Religions-/ Bürgerkriegen - aber das sind wohl auch im Grunde Wissens-/ Denkkriege). Die Fähigkeit zur sinnlichen Erfahrung der Welt hat für Denkende mit ihrer ‚Logistik' zu tun: die Qualität des Nachschubs zum Kampf wird so gut sein wie die Qualität ihrer sinnlichen Fähigkeiten! Sie sind auf sich alleine gestellt, während die Gegenspieler Gesellschaft unendlich aufgetürmte, mächtige Wissen zur Verfügung haben, deren Richtigkeit die Verwalter dieser Wissen zu verteidigen suchen: mit Beweisketten, Schulen, Organisationen, Universitäten. Die Gesellschaften haben zur Abwehr von Angriffen allen etablierten Verstand dieser Welt zu Verfügung, während der denkende

Einzelne sich in *seiner* sinnlichen Erfahrung der Welt höchstens mit genügend Vernunft aufgeladen haben kann. Doch es ist die *Vernunft*, die den *Verstand* aus seinen Fixierungen löst: immer.

Deshalb sind die Angriffe des Denkens auf Wissen notwendig - auch wenn Gesellschaften sich dagegen stets vehement wehren. Erst immerwährendes neues (Be)Denken schafft die Balance, welche die Wissen nicht steril werden lässt und damit nicht die ihre Wissen verwaltenden Gesellschaften. Das Überleben von Gesellschaft hängt von den Gegnern ab, die sich aus ihr zurückziehen und sie bekämpfen! Oft sind es sogar ihre größten Feinde, welche die Gesellschaft am liebsten sofort auf Scheiterhaufen verbrennen würde - was sie in früheren Zeiten auch regelmäßig tat -, die ihr langfristig das Überleben sichern. Wissen ist verwalten der Vergangenheit ... Denken tastendes Gehen in die Zukunft: *Jetztzeit* ist immer nur auf den Nahtstellen zwischen Vergangenheit und Zukunft - und Leben, das Gutes zustande bringen will, spielt sich hier ab.

Selbstverständlich sichert auch die Gesellschaft den denkenden Einzelnen ihr Überleben. Einmal stellt sie ihnen die Wissen (der Vergangenheit) zur Verfügung, auf denen sie mit ihrem Denken aufbauen - an die sie sich denkend reiben -, des weiteren sichert sie die Freiräume zum Denken materiell ab. Vielleicht nicht die Gesellschaft als ganze, aber Untergruppen wie Familien. Ohne die Obhut der Eltern, anderer Familienmitglieder und die Freiräume, die sie so schaffen, wäre es kaum möglich, dass Nachwachsende sich heute noch die Fähigkeiten zur sinnlichen Erfahrung der Welt aufbauen. In früheren Zeiten, als die Erde durch Zivilisation wenig durchorganisiert war, mag das anders gewesen sein: damals war sinnliche Erfahrung der Welt als *Erkenntnismittel* die Regel. Heute jedoch gehören verständnisvolle Elternhäuser dazu, um den Kindern die notwendigen Freiräume zur sinnlichen Erfahrung nicht zu verunmöglichen, und es sind wohl wieder bürgerliche Elternhäuser, die selbst einmal den Wert von Bildung, Wissen, Denken erfahren haben, die es schaffen, ihre Nachwachsenden nicht zur Sterilität hin zu gängeln. Es sind aber stets nur wenige Familien, denen das gelingt, und es hat mit Glück zu tun, wenn bestimmte Einzelne in solch begünstigende Umfelder hineingeboren werden. Oder es hat bereits auch mit der sinnlichen Erfahrung der Welt zu tun, die im Anfang des Lebens eines *jeden* der *einzige* Erkenntnisweg ist: den die (später) Denkenden schon im Kleinkindalter gegen ihre soziale Umwelt zu verteidigen suchen, manchmal mit Heftigkeit oder sogar Gewalt. Die Regel ist jedoch, dass fast alle einmal (als Kinder) schöpferisch denkenden Menschen durch die Familien, Kindergärten, Schulen, Berufe ,zu Tode erzogen' werden: um *ordentliche* Mitglieder von Gesellschaft zu bekommen. - Es sind die Summen aus vielem, welche es vielleicht gelingen lassen - zu vergleichen mit dem *Darwinschen Lebenskampf*: nur dass diese Entwicklung nicht durch Vererbungen über Generationen geschehen, sondern in einem einzigen Leben. Woran dann Gene, die sozialen Umwelten, die nichtsoziale sinnliche Welt und jede Menge Zufälle beteiligt waren.

Auch wenn viele Faktoren beteiligt sind, scheint jedoch die *sinnliche Erfahrung* der Welt das wichtigste Feld zu sein. Auffällig ist, dass diese Fähigkeiten nur bei sehr wenigen Erwachsenen erhalten bleiben, obwohl sie einmal in *allen* Kleinkindern vorhanden waren, und wohl auch bei allen Tieren vorhanden sind. *Abstrahierte* Wissen von anderen zu lernen - plus die damit einherkommenden Gefühle - scheinen wirklich seltsame Entwicklungen zu sein! Es ist gar nicht vorstellbar, dass Affen oder Hunde das Wort ,Gott' oder ,Geld' aufnähmen, danach über diese gelernten Wissen ihre Leben steuerten. Affen reagieren auf Bananen, Hunde auf Stücke Fleisch ... und ständig auf *sinnliche* Erfahrungen, die ihnen auf ihren Lebenswegen zustoßen: wird z.B. ein Hund an einer Hausecke von einem größeren Hund angefallen, meidet er diese Stelle bereits nach einmaliger Wiederholung, er erkennt sehr schnell! Deshalb eigentlich völlig unverständlich, dass Menschen dagegen immer wieder aufs Gleiche aus sind: zum Beispiel auf Lob. Mit der Zeit können junge Menschen danach regelrecht süchtig werden ... oder auch süchtig nach Strafen, wie Fachleute wissen (um mal ,negatives Lob' ins Spiel zu bringen), anderem.

Es ist gar nicht vorstellbar, dass ein Affe jemals begierig sein würde auf die Verleihung des Bundesverdienstkreuzes oder Hunde auf Zertifikate der Welthundeausstellung -! Da müssen Defekte vorliegen, weil sich zum Beispiel Kinder über die ganze Schulzeit von abstrakten Leistungsnoten führen lassen, ihr Leben oft qualvoll darauf ausrichten, oder Angestellte für das Lob des Chefs ihre Leistungen enorm steigern. Oder dass Soldaten für ausgestanzte Stücke Blech - genannt Orden - größte Heldentaten erbringen! So etwas würde keinem Affen einfallen. Darüber könnte er jedoch auch nicht lachen.

Wirklich seltsam ... das Nichtlachenkönnen bei Affen, anderen Tieren -. Vielleicht brauchen sie es nicht. Tiere haben durchaus Gefühle wie Freude, Spaß, manchmal kann man sogar meinen, sie hätten Sinn für Humor, Schabernack: der Hund, der regelmäßig den geworfenen Stock zurückbringt und plötzlich nicht mehr, sich drauflegt, damit wegläuft - *komm, hol ihn dir selbst*. Er kann aber nicht lachen ... während die menschliche Gesellschaft heute scheinbar nur noch lachen kann -. Kaum ein Reporterbild, welches die Leute nicht lachend zeigte! Politiker, Modells, wissenschaftliche Referenten, Kegelbrüder: keiner mehr ernst - alle zähnefletschend lachend.

Lachen gibt es anscheinend nur, wo *feste* Wissen verankert, bei Gefährdung von starken Gefühlen geschützt sind. Lachen ist Entspannungsübung in überstarken Gefühlskulturen. Die Wirkungen von Spaß, Humor, Ironie, Sarkasmus, Zynismus wären nicht möglich, wenn im Menschen nicht große, starke Wissen abgespeichert wären: die bei Ironie etc. gemachten Wörter bedrohen die hehren Wissen, lassen ihre Schutzsysteme zu Körperreaktionen krampfen - genannt *Gefühle* - ... und in der Gegenreaktion anschließend das wieder entspannende Lachen.

Jede Gesellschaft wird ständig mit neu zu lernenden Wissen vollgeschüttet, so dass die damit einhergehenden Gefühle schon in ihrem Ausmaß unerträglich wären, und deshalb ist nichts so nötig wie Lachen: - die sich vom Gefühlsdruck wieder entspannenden Körperreaktionen, Körperübungen. Darum brauchen Gesellschaften Lachveranstaltungen, *panem et circenses* sind unverzichtbar: Hunger darf das Volk nicht haben und lachen muss es dürfen ... bei Gladiatorenkämpfen, Zirkusnummern, Hinrichtungen, Büttenreden, Schunkelreigen, Talk Shows. - Weil Jedermann weiß, dass Lachen bei all diesen Unmengen zu lernendem Wissenszeugs als Entspannung wichtig ist, lacht er als souveränes Vorbild, sobald er eine Reporterkamera auf sich gerichtet sieht: nicht ernst - locker musst du sein! Und Affen, Hunde brauchen Lachen nicht, weil sie in der *sinnlichen Erfahrung* stets locker sind ... sie können der Welt frei und mit nötigem Ernst begegnen, müssen es sogar, um für ihr Leben die entspannte Aufmerksamkeit beizubehalten. Genauso brauchen *Denkende* nicht unbedingt Lachen: weil sie sich meistens in den *Leeren zwischen den Gefühlen* bewegen. Vielleicht gibt es deshalb kaum lachende Denkmäler, die Philosophen oder Denken als menschliches Prinzip vorstellen.

Obwohl Denken im Denkmal bereits wieder Wissen ist -. Mit starken Gefühlen bei der Einweihung: Marschmusik, Posaunen, Reden, Saluten, weißen Jungfraun. Mit jeder Menge Ergriffenheit, aufsteigendem Gefühl oder absteigendem - manchmal auch später noch, beim stillen Betrachten. - Annäherung ... sie ahnen es. Gesellschaft *weiß alles* und ahnt gleichzeitig, dass ihr Wissen nicht alles ist, nur schaler Ersatz. Eine vage Annäherung ans andere Sein: ans Denken. Dann wenigstens hin zum *Nichtgefühl* als größtem Gefühl - zu Momenten des Nichtgefühls: zum Drachenfliegen, chinesischen Schattenboxen, Autographensammeln, zu erhebenden Musikstücken, erhebenden Wörtern erhebender Vorträge.

*Sie lehren in Saus und Braus/ sie lehren aus allen Poren/ und machen Kulturkreis draus -.* Gottfried Benn.

Hin zu den *Wissen*, hin zum *Gefühl*: sich nicht los lassen, fester Boden ist wichtig. Obwohl gewusst wird, dass Wissen wenig ist, oft eigentlich nichts ... doch man kann es spüren! Gutes Gefühl oder schlechtes, auf jeden Fall Signale des Lebens. Herzklopfen, Schunkeln, Weinen: ganz dicht dran, an den anderen! Nicht allein sein -: alle *wissen* das Gleiche oder fast ... einige wissen natürlich mehr, andere weniger, aber die Richtung die stimmt - fühlste, was ich fühle?

Heilfasten, Drachenfliegen, Trinken, Koksen, Geld, Sex, Sokrates, Benn, Shakespeare, Vermögen, Häuser, Parteiengesang, Opern ... fühl mal, was ich fühle! Wuiih -. Es funktioniert und doch wieder nicht. Der *Mechanismus* der Körper, der Gesellschaft macht! Er ist notwendig, schafft Völker, Staaten, Kulturen: Macht - obwohl es Reaktionen der einzelnen Körper sind. - Ohne diesen Mechanismus gäbe es kaum etwas wesentlich Menschliches, nur erweitertes Tierreich mit biologischen Abläufen. Jetzt sind es Systeme mit künstlichen Abläufen, oft sogar gesteuerten - partiell in Einzelnen gesteuerten Abläufen -, mit geplanten Entwicklungen. Ob es in der Gesamtheit, als Ganzes, geplant abläuft, scheint fraglich, doch in den Einzelteilen gibt es durchaus gezielte Einflüsse auf die Entwicklungen.

In den großen Bewegungen herrschen wahrscheinlich Automatismen, Mechanismen: Abläufe mit ungesteuerten Ausreißerwerten, Schicksal - doch im Kleinen, in den einzelnen Handlungen, Personen, sind Steuerungen durchaus möglich, durch Denken, Wissen, Phantasie. Mehr durch Denken als durch Wissen - aber auch durch Wissen, wenn es sich nicht erstarrt, sondern ständig überprüft wird. - Zu mechanischen Abläufen, Schicksal wird es, wenn die Wissen zu sehr bündeln, sich selbständig machen, Amok laufen. *Dass des Menschen Wille nichts vermag gegen die Götter*: gegen Wissensvergötterung, Wissenswucherung ... eins gebiert anderes, unendliche Verweise ohne Unterbrechungen der Gefühlsketten. Dann entstehen ‚Götter'wissenshimmel, die sich loslösen und wie Blei auf Hirne, Körper legen. Auch auf die Körper!: als Stress, der nur noch Gefühlswirrwarr zurücklässt, Spannungszustände ohne Entspannungen.

Wissen ohne Denken sind für Gesellschaften tödlich, für den Einzelnen wahrscheinlich nicht, aber für die Gesellschaften. Der Einzelne hat Möglichkeiten, dem mit Wissensüberhäufungen einherkommenden ‚Gefühlssmog' auszuweichen. Einmal, indem er seine Wissen reduziert, sich auf wenige beschränkt und in überschaubaren Bereichen

Fachmann wird, die meisten anderen Wissen, auf die er stößt, einfach nicht zur Kenntnis nimmt. Das tun die meisten Menschen. Sie beschränken sich auf die Wissen, welche zum Überleben nötig sind, lassen sich in Konfliktfällen von Gefühl leiten. Sie schließen einfach von festen Wissen, die sie haben, über das Gefühl auf andere Wissen, die sie noch nicht haben, werden darin von den Gesellschaften auch bestärkt: die *Goldenen Regeln*, die gelehrt werden, die *Sprichwörter*, *Merksätze* ('Achte immer auf dein Gewissen!, etc). Solch reduzierte Verhaltensweisen erleichtern die Leben und machen Menschen - in Gegenrichtung, von der Gesellschaft aus gesehen - gut beherrschbar. Sie schaffen Macht für andere - Einzelne.

Andere Möglichkeiten des Ausweichens vor Gefühlssmog wären das Abtauchen in scheinbar sinnliche Erfahrungen der Welt (in *scheinbar* sinnliche, da das meistens von Bourgeoisen auf irgendwie künstlichen Lernfeldern ausgeübt wird). Stichwörter dafür wären Heilfasten, Bioenergetics, Drachenfliegen, Jagen, Fünf-Sterne-Essen, Urlauben, Rennradfahrn, Schöner Wohnen, Drogen und so weiter. Es sind scheinbar sinnliche Erfahrungen, weil diese speziellen Lernfelder mit noch mehr Auftürmen von noch mehr Wissen verbunden sind, deshalb über kurz oder lang den Gefühlswirrwarr nur vergrößern. - Andere Entkommensmöglichkeiten wären, krank zu werden, körperliche Krankheiten zu entwickeln oder auch sogenannte psychische: sich in die Behandlung von Fachleuten legen, die eigene Verantwortung fürs Leben aufgeben. Das passiert auch wieder häufig bei bourgeoisen Menschen, weil sie durch ihre speziellen Elternhauskulturen ein Leben lang unter stark überhöhtem Wissensdruck standen, ihn zwischendurch vielleicht sogar noch durch Ausweichen in scheinbar sinnliche Erfahrungsfelder erhöhten.

Dies alles sind natürlich keine Lösungen in Sicht auf die Gesellschaft, weil sie sehr teuer sind, nichts bringen. Als Seitenfluchtweg sei hier noch das völlige Abtauchen in wirklich sinnliche Erfahrungen anzumerken: als ein simples, kreatürliches Dasein - nur so, das zu einer fast pflanzlichen Existenz verhilft. In den Beurteilungsrastern von Gesellschaft ist es asozial und natürlich überhaupt nicht brauchbar. Es ist weitgehend das Verhalten der Unterschichten - oder sogar, andersrum: ein Verhalten, das Unterschichten macht, und sie sind als Bevölkerungsschicht durch die Gesellschaft kaum je wirklich beherrschbar.

Von allen Möglichkeiten, dem Wissens-/ Gefühlsdruck von Gesellschaft zu entkommen, ist die - für die Gesellschaft - beste das Abtauchen in sinnliche Erfahrungen der Welt *mit anschließenden Denkbewegungen*. Wertvoll ist das Denken, welches über diese Ausweichreaktionen geschieht, weil es sich mit den Wissen, die Gesellschaft schaffen, auseinandersetzt und so neue Impulse in sie hineingibt (*Gesellschaft* dabei über längeren Zeitraum betrachtet, als historische Sendung, vielleicht auch historisches Ziel). Die bestehenden Gesellschaften jeder Jetztzeit - mit ihren Politikern, Mächtigen, plus deren absichernden Hilfskräften aus Pädagogik, Militär, anderen Bereichen - bekämpfen solches Ausweichen vor dem Wissens-/ Gefühlsdruck selbstverständlich, versuchen, es unter allen Umständen zu verhindern. Sie verfolgen *grundsätzlich* die Menschen, welche zu entkommen trachten ... und besonders die - immer wieder neu -, die ins Denken abtauchen. Das ist in allen Zeiten zu erkennen.

Gesellschaften verfolgen also vor allem jene, die ihnen, auf längere Sicht, Rettung bringen, weil sie ihre härtesten Gegner sind: Gesellschaft baut auf Wissen/ Gefühle auf, deshalb geschehen ihre Abwehrkämpfe - wenn sie existentiell sind, wie gegen neues Denken - ebenfalls stark gefühlsmäßig. Sobald der 'Kern' berührt wird, geht es in dem Gebilde Gesellschaft sehr emotional zu! Später - oft sehr viel später - wird erst erkannt, dass die Aus-, Abweichler der Gesellschaft das eigentlich Beste gegeben haben. Die Überlebensfähigkeit von Gesellschaft geschieht nicht durch die, welche mitmachen, sondern jene, die nicht mitmachen, sich *neben* die Gesellschaft stellen ... wenn denn die Relationen gewahrt bleiben: sehr viele mitmachen und nur wenige sich herausziehen.

Das Salz des Lebens jeder Gesellschaft sind die Aus-, Abweichler, sie erst geben über ihr Denken die nötige Kreativität für Weiterentwicklungen hinein. Es müsste überlegt werden, ob das Ausweichen der Wenigen vor dem Wissens-/ Gefühlssmoke von Gesellschaft, dann nicht Selbstheilungen eben dieser Gesellschaft sind. Ob also das Ausweichen weniger nicht institutionalisierte, kreatürliche Rettungswege für das Gebilde Gesellschaft sind. *Kreatürlich* deshalb, weil zu Anfang auch das Ausweichen auf unbewussten Gefühlsebenen betrieben wird.

Wie gesehen sammeln Gesellschaften Unmengen von Wissen, verwalten sie, geben sie an ihre Mitglieder weiter ... zuerst einmal - besonders in den frühen geschichtlichen Stadien - weitgehend unbewusst, ohne dass sie es planten: allein über praktische Erfolgsbestätigungen, weil sich so vieles im Dasein besser handhaben lässt. Es sind Lebenserleichterungen, die dann nach und nach auch geplant werden. Doch durch die ständigen Vergrößerungen der Wissen entsteht parallel Wissens-/ Gefühlsmüll, der sich schwer auf Hirn, Körper legt. Es kommt zu richtungslosem Stress, eine Art Gefühls'smoke', der die Orientierung verlieren lässt: und damit zu Vergiftungsgefahren fürs Leben, auch wenn die Leben der Einzelnen anscheinend normal weiterlaufen! Einige wenige in jeder Gesellschaft jedoch halten diesen Wissens-/ Gefühlsdruck nicht aus, weichen vor den sozialen Beeinflussungsversuchen zurück in die sinnliche Erfahrung der Welt. Denn die *nichtmenschliche Welt* will zuerst einmal und vielleicht grundsätzlich nichts von einer Person, es sind Lebensräume *ohne Anforderungen*: Räume der Erleichterung vor den Sozialisationsversuchen anderer. - Es sind die sensiblen, nachdenklichen Menschen, die dorthin ausweichen, meistens schon in früher Kindheit, oft sehr früher. Sie halten die ständigen Anforderungen, Anordnungen der Erwachsenen *gefühlsmäßig* nicht aus: das was an immer neuen Wissen, Regeln in Elternhäusern, der Verwandtschaft, Schule, im Kindergarten, Fernsehen auf sie einprasselt. Um ab und zu wieder ruhig durchatmen zu können, klaren Kopf zu bekommen, ziehen sie sich dann ins Gebüsch zurück, an den Bach, ins freie Feld wo Wind geht, auf den Dachboden, zu einem Lieblingsbuch, zur Steinesammlung, zu anderem. Sie weichen aus zu den *Dingen*, welche nichts von ihnen wollen, die sie einfach nur machen lassen! Es sind stets Dinge, die *nicht* in bestimmte Handlungsrichtungen festgelegt sind, mit denen man am meisten tun kann, die Grenzen werden allein gezogen durch die eigenen Phantasien, das eigene Denken. Je mehr ein Kind zum Beispiel darüber nachdenkt, was es mit einem Bach tun könnte, desto mehr kann es anschließend tatsächlich mit ihm anstellen. Erst dann kommt die *mögliche* Freiheit einer Person zum Vorschein: wenn sie sich selbst bemühend anstrengt!

In den sinnlichen Erfahrungen der Welt verbergen sich Versuchsfelder, welche über die Sozialisationserfahrungen durch Gesellschaft nicht gegeben sind. Und wer mit solchen Versuchen beginnt, die am Befriedigendsten sind, wenn er sich vorher selbst mit Kopf, Körper angestrengt hat, schult seine Phantasie, sein Denken. Die *Gefühle* der Befriedigung - die der Ruhe, Leere, Kraft - verbinden sich so mit dem Phänomen *Denken*: mit Seinszuständen, die dann in der Folge, wegen der erlebten Befriedigung, ständig neu aufgesucht werden. Es sind die sensibleren Menschen, welche über das Ausweichen vor dem unerträglichen Gefühlsdruck durch Gesellschaft solche sinnlichen Erfahrungsräume aufsuchen - nicht unbedingt die intelligenteren. Es besteht jedoch Wahrscheinlichkeit, dass sie über ihre sinnlichen Erfahrungen plus dem vielen Denken dort mit der Zeit intelligent werden: zu einer spezifischen Intelligenz gelangen, die mit *Vernunft* bezeichnet wird. Die landläufig Intelligenten, die mit Merkfähigkeiten, Lernen von Wissen, Gedächtnis, Intelligenzquotienten einherkommen, machen in den Sozialisationsrahmen von Gesellschaft ihre Karrieren, sie sind die

Wissenverwalter, vielleicht Wissensgiganten, auf die sich jede Gesellschaft vordergründig stützt. Nur sind sie auch die ‚gigantischen‘, bewunderten Führer, welche die Gesellschaften immer wieder neu in Katastrophen führen ... oder führen würden, wenn die Abweichler sie nicht mit ihrer Vernunft daran hinderten.

Die Stärke von Gesellschaft, ihre Macht, die Durchsetzungsvermögen entstehen durch die verwalteten gelehrten, gelernten Wissen und die daran gekoppelten Gefühle, über die ihre Mitglieder zusammengehalten werden - jedoch auch die gesellschaftlichen Katastrophen rühren daher. Rettung kann nur kommen von den Abweichlern, welche sich in die sinnlichen Erfahrungen der Welt, *ins Denken zurückziehen*. Sie allein haben den nötigen Abstand zur Gesellschaft, um deren Entwicklungen mit Vernunft beurteilen zu können und mögliche andere Wege aufzuzeigen. - Die Frage wäre, ob diese Mechanismen kreatürliche Selbstheilungstendenzen sind. Zuerst drängt die Gesellschaft mit ihrer rigorosen Art sensible Mitglieder heraus, verfolgt sie, so dass allein die stärksten *in ihrem Anderssein* überleben: - und diese sind es dann, die nach einiger Zeit zurückkehren ... um mit ihrem Denken neue Impulse in die Gesellschaft zu geben. Das ähnelte fast den Darwinschen Gesetzen zur Entstehung der Arten -. Nur dass es hier nicht (rein) biologisch über Vererbung abläuft, sondern vor allem über Gehirnkräfte: die Lern-, Erkenntnisfähigkeiten der Menschen - und über die Wechselbeziehungen die zwischen Wissen/ Gefühle, Denken bestehen. Es scheinen Gesetze zur Entstehung der Arten von Gesellschaft zu sein.

Drosseln in den Schonungen der Kindheit ... Bäche, Bäume, Steine, Wind, Töne, Geruch, Tiere, Sand, Farbenspiel -. Die Erfahrung *nichtmenschlicher Welt* hat auf Menschen größten Einfluss: für die speziell eigene Entwicklung, aber auch für die Entwicklung von Gesellschaft. Sinnliche Erfahrungen der Welt ermöglichen oft, dem Wissens-, Gefühlsdruck von Gesellschaft zu entgehen und in die Leeren zwischen die Gefühle hinabzusteigen, welche die Räume der Freiheit eines Menschen sind: um dann dort - vielleicht - Denken zu schaffen, das auch Freiheit ist. Die *Leeren zwischen den Gefühlen* sind die letztmöglichen Freiheiten des Menschen, die die *Freiheit seines Denkens* schaffen.

Die Freiheiten in den Leeren zwischen den Gefühlen gehören einem Menschen *allein* ... die dort entstandene Freiheit des Denkens gehört *allen*. Wenn Gesellschaft sie denn zulässt, aufnimmt.

Weitere Bücher des Autors:


Dieter Pflanz, VERSUCH ÜBER DAS 'EROTISCHE' - Essays -

Diese beiden Essays hängen eng mit dem vorstehenden Text zusammen, haben sich über Jahrzehnte herausgeformt.
   Wir alle tragen in uns Erklärungsmodelle, die den Menschen in Körper + Seele/ Geist aufspalten. Dieses Wissen vom Menschen steht in der kulturellen Tradition. Da es für ein solches 'Schichtenaufbaumodell' Beweise nicht gibt und viele Phänomene sich so nicht erklären lassen, wurden andere Deutungen versucht. Eine wichtige Aussage des Textes ist das dem ebenfalls zweiten Essay, VERSUCH EINER THEORIE DER RATIONALITÄT, vorangestellte Prinzip: >>Jede Erfahrung, die als Wissen gespeichert ist, wird geschützt von potentiellen Gefühlen. Solche Gefühle treten in Aktion, wenn das gespeicherte Wissen bedroht scheint.<<
   Mit diesem Prinzip werden die argumentativen Stoßrichtungen deutlich, die moderne Hirnforschung stellt inzwischen ähnliche Überlegungen an. Es wird versucht, die Wechselbeziehungen zwischen *Gefühl* und *Wissen/ Vernunft/ Rationalität/ Irrationalität* aufzuzeigen. Da wir in einer Krise der Rationalität leben, viele unserer drängenden Probleme darauf zurückzuführen sind, sollten Auseinandersetzungen mit diesen Überlegungen geschehen.
   Versuch über das 'Erotische' - Essays - ISBN   3-8311-3996-2)

*

Dieter Pflanz, *Romane*:
EIN ODER ZWEI LEBEN (ISBN 3-8334-3097-4)
IN DÄMMERUNGEN ODER DIE WÖRTER  (ISBN 3-8334-0621-6)
SCHÜCHTERNE MENSCHEN  (ISBN 3-8334-0620-8)
Diether Pflanz, EIN JUNGE (ISBN 3-8311-3995-4)

*Briefwechsel*:
Julia Bonnemeier  >/<  Dieter Pflanz
DAS VERRÜCKTE FÜNFZEHNTE JAHR  (ISBN 3-8311-0621-5)

Weiteres, auch Textauszüge, unter:
www.dieterpflanz.de
+
www.nrw-literatur-im-netz.de
+
amazon.de
+
Google Print